Mais le monde n'a jamais été fait pour se passer
de la France, et la France n'a jamais été faite
pour se passer d'honneur!»

Paul Claudel,
Ode au Général de Gaulle,
septembre 1944

De Gaulle et Churchill, Premier ministre d'une Angleterre «héroïque et solitaire qui assuma la liberté du monde». A sa mort, de Gaulle écrira à Lady Churchill qu'il perdait en ce «très grand homme, un compagnon et un ami».

De Gaulle et Leclerc le jour de la libération de Paris. De Gaulle «aimait» Leclerc, le «compagnon des pires et des plus grands jours, l'ami sûr dont jamais aucun sentiment, aucun acte, aucun geste, aucune parole ne furent marqués, même d'une ombre, par la médiocrité».

❝Il faut que les Français me voient et m'entendent, que je les voie et que je les entende. Pour qu'un lien vivant s'établisse, j'entends me rendre dans tous les départements. [...] Où que je prenne la parole en public, retentissent d'ardentes acclamations. Toutes les *Marseillaise* que j'entonne sont chantées en chœur par toutes les voix.❞

"A peine ai-je terminé que se déchaîne la ruée vers les téléscripteurs, les téléphones, les salles de rédaction. Puis l'information, ayant montré par son tumulte que mes déclarations "ont passé la rampe", se rassure elle-même en concluant : "Il n'a rien dit de nouveau."**"**

« J'avais un contrat avec la France. Le contrat a été rompu »... « Pourquoi dit-il la France et non les Français ? » écrit André Malraux avant de donner la réponse : « Il appelle Français ceux qui veulent que la France ne meure pas. »

Odile Rudelle
est spécialiste
d'histoire politique :
histoire électorale
ou histoire orale.
Directeur de recherche
au CNRS, elle est
attachée au Centre
d'étude de la vie
politique française
de la Fondation
nationale des Sciences
politiques. Elle a écrit
: *La République
absolue* (Publications
de la Sorbonne, 1982),
*Mai 1958 : De Gaulle
et la République*
(Plon, 1988) et,
en collaboration
avec Serge Berstein,
*Le Modèle
républicain*, (PUF,
1992). Elle a participé
à de nombreux
colloques historiques,
en particulier à «De
Gaulle en son siècle»,
organisé en novembre
1990 à l'UNESCO
par l'Institut Charles-
de-Gaulle.

*1ᵉʳ dépôt légal : novembre 1990
Numéro d'édition : 71934
Dépôt légal : août 1995
ISBN : 2-07-053058-2
Imprimerie Kapp-Lahure-
Jombart, à Évreux*

DE GAULLE
POUR MÉMOIRE

Odile Rudelle

DÉCOUVERTES GALLIMARD
HISTOIRE

Année 1905, un garçon de quinze ans laisse courir son imagination : « En 1930, l'Europe, irritée du mauvais vouloir et des insolences du gouvernement, déclara la guerre à la France… Trois armées allemandes franchirent les Vosges… En France, l'organisation fut rapidement faite. Le général de Gaulle fut mis à la tête de 200 000 hommes ; le général de Boisdeffre commandait une armée de 150 000 hommes. De Gaulle eut vite son plan, il fallait sauver Nancy, donner la main à Boisdeffre et écraser les Allemands avant leur jonction, qui nous serait funeste. »

CHAPITRE PREMIER
LA PLUME ET L'ÉPÉE

Au collège Vaugirard, en 1907, Charles (premier à gauche au second rang) a pour professeur… son père.

Charles André Joseph Marie de Gaulle, né à Lille

Le 22 novembre 1890, Jeanne Maillot lui donne
le jour dans la maison familiale, une belle demeure
peinte en blanc située entre rue et jardin.
Les fenêtres regardent les pelouses et les fleurs, les
murs abritent deux niches, où se blottissent des
vierges aux mains tendues. On va à la messe. On a
ses jours et ses œuvres. On y sait rire et pleurer. Au
bout de la rue, il y a le fort de Vauban, où les enfants
en vacances vont jouer.

Un «Lillois de Paris»

Les Maillot sont lillois depuis Louis XIV. Les de Gaulle
sont plutôt parisiens, au moins depuis Louis XV.
Ancienne famille de guerriers bourguignons, elle a
donné des magistrats au Parlement de Dijon avant
qu'ils ne montent vers la capitale.
  De l'arrière-grand-père Jean-Baptiste, entré dans
l'administration des postes napoléoniennes, on a
gardé le souvenir des armées de l'Empire. Son fils
Julien-Philippe a écrit une histoire de Paris fort
prisée. Sa femme, Joséphine, est une femme de
lettres : des années durant, elle a écrit des romans et
dirigé *Le Correspondant des familles*, un périodique
où les conseils pratiques et édifiants voisinent avec

> " A mon sens, la
> France ne peut être
> la France sans la
> grandeur. Cette foi a
> grandi en même temps
> que moi dans le milieu
> où je suis né. Mon père
> [...] était imprégné du
> sentiment de la dignité
> de la France. Il m'en a
> découvert l'Histoire.
> Ma mère portait à la
> patrie une passion
> intransigeante à l'égal
> de sa piété religieuse.
> Mes trois frères, ma
> sœur, moi-même
> avions pour seconde
> nature une certaine
> fierté anxieuse au sujet
> de notre pays. "
> *Mémoires de guerre*,
> 1954

Les enfants de Gaulle : de gauche à droite Xavier, Marie-Agnès, Charles, Jacques et Pierre. Les quatre frères de Gaulle seront mobilisés en 1914. Tous reviendront vivants. Août 1914 : la mobilisation (pages suivantes) se fait dans le «consentement» et la «ferveur universelle», écrira de Gaulle. Raymond Poincaré, le président de la République, parlait à l'époque de «l'Union sacrée». Immédiatement engagé, l'officier ne céda jamais au bourrage de crâne de l'arrière. Le courage était affaire de volonté et de gravité devant le danger. Le miracle était non la guerre, mais l'unité du pays : «Il suffit que la France tire l'épée pour que les ardeurs se trouvent à l'unisson.»

La France et son armée, 1938

les notices biographiques de Proudhon le libertaire, ou de Vallès l'insurgé.

«Mon père, homme de culture, de pensée et de tradition...»

Henri de Gaulle, né en 1848, bénéficie tout naturellement de cette tradition orale où l'Histoire est illustrée par les récits familiaux. Il y puise cette conviction de la «continuité française» au-dessus des régimes, qui deviendra le socle des idées politiques de Charles, de sa foi en une patrie qui a les «promesses de la vie éternelle».

Henri de Gaulle aurait voulu être militaire. Les obligations familiales le poussent vers l'enseignement libre, et il devient ce professeur du 101, rue de Vaugirard dont les élèves s'appelleront maréchal Foch ou cardinal Gerlier. Indépendant d'esprit et de jugement, il sait faire la différence entre la violence révolutionnaire, qu'il récuse, et le principe de la souveraineté du peuple, qu'il accepte. Bien que catholique et patriote, il est convaincu de l'innocence de Dreyfus, mais déplorera la campagne anticléricale que « l'Affaire » a déchaînée. Et, quand les Jésuites seront chassés de France en 1905, il prendra la direction de leur établissement qu'il assumera jusqu'à leur retour.

Génération du feu, génération de la revanche

Charles est le troisième de ses cinq enfants. Après Agnès, l'aînée, il y a Xavier, Charles, Jacques et Pierre. Les fils de Gaulle sont contemporains du redressement de la France : ils vibrent à l'alliance franco-russe, qui rompt l'isolement diplomatique de la République; ils s'enthousiasment pour l'Exposition universelle et les merveilles du progrès; et commencent à s'inquiéter avec la crise d'Agadir, prélude à la guerre. Mais «leur prime jeunesse l'imaginait sans horreur et la magnifiait à l'avance »…

C'est à quatorze ans que Charles décide de sa vocation militaire. L'adolescent turbulent, taquin et rêveur s'assagit. L'élève devient studieux, le frère impose sa volonté dans des jeux où il n'accepte plus que les rôles de généralissime.

Sous-lieutenant au sortir de Saint-Cyr, il choisit l'infanterie, «plus militaire», plus proche de la troupe et des hommes, qu'il s'appliquera à toujours connaître personnellement.

«Du côté de la frousse, tout ira bien»

Premier août 1914 : la guerre éclate. Les lenteurs des dix premiers jours l'irritent. Engagé le 12 sur le pont de Dinant, il est blessé le 15 et aussitôt renvoyé à l'arrière.

La tranchée : une mer de boue

" Durant des heures et parfois des jours le bombardement écrase les positions et brise les volontés. Un morne abattement s'empare de tous ceux que la mort n'a pas pris. Les combattants végètent, sans sommeil, sans vivres, sans eau, se croyant abandonnés de Dieu et des hommes, ne désirant que la fin de l'épreuve, quelle qu'elle puisse être, mais immédiate. Cependant, l'adversaire est passé à l'assaut... les obus tombent ... pour se ressaisir, prendre les fusils, faire feu... il faut quelque délai. Du reste, les armes couvertes de terre refusent souvent le service. Et puis des chefs sont tués, des groupes sont décimés, des équipes anéanties. Parfois les vagues d'assauts noient la résistance avant qu'elle ait pu s'organiser... Mais elle a rempli sa tâche, c'est-à-dire gagné du temps. Le commandement a pu se ressaisir... des renforts accourent; des résistances qui fléchissaient se raniment; à l'arrière, les convois se reforment. La discipline, l'ordre renaissent. Sur le champ de bataille on dit : «Ils ne passeront pas." "
La France et son armée

Première blessure au pied, qui l'obligera à porter souvent des souliers spéciaux pour atténuer la douleur. L'année suivante, il est blessé à la main gauche si bien que, plus tard, il mettra son alliance à la main droite. En mars 1916, c'est le choc final à Verdun : la cuisse traversée par une baïonnette, évanoui, Charles de Gaulle est laissé pour mort sur le terrain.

Ramassé par les Allemands, il reprend connaissance dans un hôpital prussien et est envoyé dans un camp. Qui dira si cette expérience de la douleur, de l'horreur des tranchées et des cadavres ne l'a pas poussé vers l'idée du char, machine d'acier liant puissance de feu, capacité de mouvement et protection du corps?

Le «gnouf»

Prisonnier! Charles de Gaulle en sera furieux, même si ses compagnons s'appellent Mikhaïl Toukhatchevski, Rémy Roure et Georges Catroux.

❝ Si en mai 1915 le commandement se décide à commander une artillerie lourde moderne, celle-ci n'entrera en service qu'au début de 1917. De là les hécatombes vaines et parfois odieuses dont se payent trop longtemps nos assauts multipliés. C'est avec des vies humaines que notre peuple [...] devra solder erreurs et retards.❞
La France et son Armée

A gauche, l'intérieur d'un char d'assaut, en 1916. A droite, un char d'assaut français devant une tranchée ennemie, en 1918.

Décoré de la croix de guerre pour sa première blessure d'août 1914, Charles de Gaulle est promu capitaine en février 1915. Blessé à la main en mars, il devra être évacué à la suite de l'infection de son bras. La photo montre le jeune officier à l'hôpital, à la veille de son congé de convalescence.

On les retrouvera l'un maréchal de l'armée Rouge – avant d'être fusillé par Staline; l'autre journaliste au *Temps* et le dernier, compagnon de la France libre. Ensemble, ils constituent une sorte de cellule subversive, dont le but est de rendre la vie impossible aux gardiens.

L'officier y gagne un langage cru, teinté d'argot militaire, un humour corrosif, et l'expérience directe du gnouf, le cachot.

Si la guerre active est alors finie pour lui, une autre commence. Nous connaissons sa version officielle grâce à sa correspondance et à ses carnets. Nous l'y voyons dépouillant la presse allemande, se livrant à l'analyse minutieuse de la «conduite de la guerre» ou de la «conduite des opérations», dans des termes qui annoncent son premier livre, celui de 1924, *La Discorde chez l'ennemi*. Et puis il y a la face cachée, celle des évasions, cinq fois recommencées, toujours ratées. Il creuse un tunnel, endosse l'uniforme allemand, tresse une corde avec ses draps,

quitte même le camp dans un panier de linge sale...
Mais il échoue à atteindre une frontière amie.
De fait, comment traverser un pays hostile quand
on mesure 1,87 mètre et qu'on parle allemand avec
un bel accent français ?

Ces marches à travers le Reich lui donnent
toutefois la connaissance directe du pays et de ses
habitants, de leur patriotisme et de leur discipline.
Et l'estime qu'il leur porte le conduit à conclure que
l'Allemagne n'acceptera jamais sa défaite. Comme
la France de 1870, elle voudra sa
revanche : tout sera bientôt à
recommencer. Sa génération est
décidément celle des catastrophes qui
engloutissent peuples et civilisations.

A la différence de sa classe d'âge,
le capitaine de Gaulle finit la guerre
avec « le regret indescriptible de n'y
avoir pas pris une meilleure part »,
de « ne pas avoir assisté à la victoire »,
de ne pas y avoir participé plus
activement.

La France des années
trente s'engoue
pour l'exotisme et les
images des tablettes de
chocolat popularisent
chéchias et médinas.
De Gaulle reste
perplexe sur l'Islam :
« Nous n'y pénétrons
guère et les gens nous
sont aussi étrangers et
réciproquement qu'ils
le furent jamais ! »

La Pologne éternelle et l'Orient compliqué

Il veut retourner au feu dès que
possible : il ira donc en Pologne, où
se joue une nouvelle guerre entre
l'Occident et les bolcheviques.
Deuxième sortie de France sous
l'uniforme de cette armée française qui est encore
« la plus belle chose du monde ». Séjours à Trèves
en 1928, à Beyrouth en 1929...
Les voyages achèvent sa formation géopolitique et
cristallisent sa vision mondiale d'une France qui doit
se défendre contre les empires et aider les jeunes
nations à bâtir leur propre Etat.

En Pologne, il faut réorganiser une armée à partir
de débris polonais, autrichiens ou russes pour
repousser l'offensive bolchevique menée par
Toukhatchevski. Au Liban, il faut développer
un « esprit public », au-dessus des appartenances
religieuse ou ethnique. Pour mieux comprendre

ces pays, l'officier se lance dans de solides études historiques. Il tente de saisir, en Europe, l'importance des frontières devant un sentiment national qui se révèle plus fort que la solidarité prolétarienne ; en Orient, les poids respectifs du christianisme et de l'islam, dans ces pays qui restent impénétrables à l'Occident.

Yvonne, « ma petite femme chérie »

En poste à Varsovie, l'officier plonge dans la vie mondaine trop facile de l'après-guerre, de cette folle époque où d'immenses misères côtoient le luxe tapageur des profiteurs de guerre. Mais cette atmosphère factice le lasse. Dans les lettres à sa mère perce la mélancolie du célibataire. Les familles se mettent alors en mouvement. Yvonne Vendroux a vingt ans, des yeux noirs, et elle est bien jolie. Les Vendroux sont catholiques et patriotes sans être passéistes : une des premières femmes à avoir son permis de conduire, madame mère s'est, pendant la guerre, dévouée sans compter comme infirmière major des hôpitaux militaires de Calais.

Le capitaine revient de Varsovie. Rencontre à Paris dans un salon de peinture. Puis le thé. Charles, tout ému, renverse sa tasse sur la robe de la jeune fille – ainsi le veut la légende. Yvonne veut bien ne pas s'en offusquer. Elle a déjà refusé un parti, car elle redoute la vie d'errance

Au centre, Yvonne Vendroux, en 1919. En mission en Pologne, le capitaine de Gaulle s'épanche auprès de sa mère : « C'est une destinée mélancolique que celle du soldat, toujours errant. Mais il faut accepter sa destinée. C'est le plus bel effort à faire sur soi-même ». Après les noces de son frère Xavier, sa mère suggère à Charles de se marier à son tour : « J'y suis tout décidé. Mais pour le moment je suis un exilé. »
Lettres, notes et carnets, 1919

des militaires. Mais pour cette «grande asperge» maladroite, elle se surprend à dire qu'elle va réfléchir.

Le mariage est célébré en avril 1921, puis le ménage s'installe à Paris. Très vite trois enfants sont là : Philippe, Elisabeth et Anne, née à Trèves en 1928. Cette «âme blessée» sera la croix et la grâce de ce couple forgé par l'épreuve. Quand les de Gaulle arrivent au Liban, en 1929, ils savent que la médecine restera impuissante.

La famille de Gaulle passe deux années au Levant où Yvonne montre cette capacité d'adaptation qui fera l'admiration de tous : toujours «si brave et courageuse qu'elle fait semblant d'être contente».

La petite infirme a besoin, pour vivre et pour sourire, de l'amour des siens. Il ne lui sera jamais compté, jusqu'à cette année 1948, où sa flamme s'éteint. Dans un sanglot, le père chuchote à l'oreille de la mère, devant la tombe de Colombey : « Pour la première fois, elle est comme les autres. »

La naissance d'Anne suivait la maladie de Jacques, le frère préféré, terrassé par une encéphalite : il sera condamné à rester couché vingt ans. Recherché par la Gestapo, il devra à l'abbé Pierre et à son réseau de résistants de passer la frontière pour gagner la Suisse. Qui dira le poids de ces deux drames dans l'insondable courage de Charles de Gaulle ? Rescapé des tranchées, il ressent comme une dette à l'égard des morts – beaucoup d'anciens combattants partageaient ce sentiment. S'y ajoute la souffrance des malheurs familiaux. Chez Charles de Gaulle, cela se conjugue dans une fureur de la volonté, une rage à vaincre et à convaincre car l'action permet sinon d'accepter, du moins de vivre avec ces plaies de l'âme.

« Celui qui n'est pas père n'est pas homme » : cette phrase de Hegel, notée dans un carnet de 1927, illustre la joie d'un couple qui attend son troisième enfant. Anne sera infirme et l'enfant ne rira vraiment qu'avec son père qui lui consacre de longues heures de jeu. Ci-dessous, Philippe de Gaulle, à Mayence en 1922.

SOMMES-NOUS DEFENDUS
CONTRE UNE ATTAQUE AÉRIENNE

Une campagne d'opinion pour l'armée de manœuvre

C'est au retour du Liban qu'il se lance. En 1932 et 1934, il publie deux livres prémonitoires : *Le Fil de l'épée*, qui trace le portrait du chef, et *Vers l'armée de métier*, qui ouvre sa campagne en faveur de l'armée blindée et des chars d'assaut.

En janvier 1933, Hitler accède à la chancellerie du Reich. Aussitôt, le Führer met en œuvre son implacable programme : persécution des Juifs, mise hors la loi du Parti communiste, violation du traité de Versailles... Rien ne reste de l'espoir de paix des

La France croit trouver sa sécurité dans l'idée de défense derrière un front fixe, avec des chars lents, incapables d'actions rapides, des avions de chasse conçus pour la défense du ciel, et non pour l'assaut, des pièces d'artillerie faites pour tirer à partir d'une position fixe et non faire feu dans tous les azimuts.

années vingt. De Gaulle n'y avait jamais cru, mais la barbarie de ce retour du pangermanisme le surprendra quand même.

Dès lors, il devient l'homme d'une idée fixe, que ses amis décrivent tout entier mobilisé par la réforme de l'armée française. Enfermée derrière sa ligne Maginot, au lieu de développer sa capacité de mouvement et d'offensive, l'armée n'a pas la stratégie de sa diplomatie, qui a promis aide et assistance aux pays de la petite entente d'Europe centrale.

Ce sera Hitler qui appliquera les théories nouvelles des partisans de la manœuvre. «Je fus bientôt avisé que lui-même s'était fait lire mon livre», écrit de Gaulle; en 1945, son futur gendre, Alain de Boissieu, dénichera *Vers l'armée de métier* dans la bibliothèque du Führer vaincu.

«Dans quelques années l'on s'attachera à nos basques pour sauver la patrie»

L'éditeur choisi pour la publication de *La Discorde chez l'ennemi* est Berger-Levrault, rencontré lors de la captivité à Ingolstadt. C'est lui qui présentera de Gaulle à Lucien Nachin qui, à son tour, lui fait connaître le colonel Mayer, autour duquel se réunit un petit cénacle d'habitués. De Gaulle en devient un fidèle. Tout ce petit monde se mobilise avec un sentiment d'urgence d'autant plus grand qu'en 1935 Hitler inaugure sa politique du coup de force : en Sarre, il joue l'intimidation pour obtenir

❝ Il m'était insupportable de voir l'ennemi du lendemain se doter des moyens de vaincre tandis que la France en était privée. La responsabilité de la défense nationale incombait aux pouvoirs publics. Je décidai de porter le débat devant eux.❞

Mémoires de guerre

un plébiscite favorable au rattachement à l'Allemagne; en Rhénanie, envahie en 1936 au mépris des traités; à la Société des Nations enfin, qu'il quitte pour engager officiellement le réarmement de l'Allemagne en attendant de revendiquer l'Anschluss avec l'Autriche et la réunion des Sudètes de Tchécoslovaquie.

Charles de Gaulle se sent investi d'une mission. Déjà il s'affranchit quelque peu des règles militaires en publiant des livres sans l'autorisation de sa hiérarchie. Même s'il signe de son nom sans mention de son grade, ses supérieurs s'émeuvent. Des articles favorables à ses thèses seront publiés à droite ou à gauche, mais le milieu militaire résiste et s'enfonce dans le conformisme : Weygand et Pétain mettent leur prestige au service de Maginot et de sa « ligne continue » de fortifications.

Le « naufrage de la vieillesse »

Le maréchal Pétain est une vieille connaissance. En 1913, premier colonel de De Gaulle, il lui a appris le métier, « le don et l'art de commander ». Devenu le glorieux vainqueur de Verdun, le maréchal s'est rappelé cet officier, noté alors comme « très intelligent ». Il l'a pris à son cabinet pour des travaux d'écriture, car il veut entrer à l'Académie. Appréciant son indépendance, il le défend même contre les professeurs de l'Ecole de guerre. Mais, sur la question de la ligne continue et de la stratégie défensive, le maréchal est intraitable. Il est mort en 1925, dira de Gaulle, quand il a accepté d'aller au Maroc remplacer Lyautey qui avait perdu les faveurs de la République.

Leur manuscrit commun devait s'intituler *Le Soldat* : Pétain tergiverse, hésite, se propose de le faire retravailler par un autre. De Gaulle refuse, reprend son manuscrit et le publie finalement en 1938, sous le titre *La France et son armée*, magistrale récapitulation de l'histoire militaire de notre pays. Brouille définitive avec le maréchal, qui,

104ᵉ Année (nouvelle série)   N° 151   Janvier 1934

REVUE MILITAIRE FRANÇAISE

PUBLIÉE AVEC LE CONCOURS
DE L'ÉTAT-MAJOR DE L'ARMÉE

FUSION DU JOURNAL DES SCIENCES MILITAIRES
DE LA REVUE MILITAIRE DES ARMÉES ÉTRANGÈRES
ET DE LA REVUE D'HISTOIRE

SOMMAIRE :

Lieutenant-Colonel LARCHER...	Un exemple caractéristique de la Direction de la guerre par l'Entente en 1914-1918. L'expédition de Salonique...	5
Colonel MORIN...	Étude sur la défense des côtes et régions fortifiées (2 croquis)...	39
Lieutenant-Colonel de GAULLE...	La mobilisation économique à l'étranger...	62
Général LEMOINE...	Rencontres d'armées (4 croquis)...	89
Nouvelles militaires de l'étranger...		124
Analyses et comptes rendus d'Études Militaires...		146
Livres et Revues...		152
Publications officielles...		177

PARIS
LIBRAIRIE MILITAIRE BERGER-LEVRAULT
(Maisons BERGER LEVRAULT et CHAPELOT réunies)
5, rue Auguste Comte, Paris (VIᵉ)

En février 1934, le lieutenant-colonel de Gaulle fait paraître un article sur « La mobilisation économique à l'étranger ». C'est la nouvelle préoccupation d'un officier détaché au Secrétariat général de la Défense nationale, où il est chargé de réfléchir aux conditions de la « guerre totale ».

Pendant ce temps, le maréchal Pétain sculpte sa statue de grand soldat, vainqueur de Verdun, décorant les poilus le 14 Juillet. Après avoir imposé ses conceptions militaires, il part pour Madrid, où il sera ambassadeur.

contrairement à la légende,
n'a jamais été le parrain de son fils,
même s'ils portaient tous deux
le même prénom, Philippe.

Les «jeux du forum» et la «pente» du régime

De 1932 à 1937, «sous quatorze
ministères», Charles de Gaulle est
affecté au Secrétariat général de la
Défense nationale. Bel apprentissage
politique pour étudier les rouages de
l'Etat et la marche du régime, suivre
la difficile élaboration de la «loi sur
l'état de la nation en temps de
guerre» et pour reprendre la
réflexion sur la conduite des affaires,
jadis entamée en captivité.

En mars 1935, le monde politique
s'offre le luxe d'un débat
parlementaire sur la défense. Paul
Reynaud lit à la Chambre un discours rédigé par de
Gaulle. Malgré le soutien de quelques francs-tireurs
à gauche – Philippe Serre, Marcel Déat et Léo
Lagrange –, les parlementaires se réfugient dans

Paralysé par la
querelle de la non-
intervention durant la
guerre d'Espagne au
côté des républicains,
et les problèmes
sociaux, Blum
s'incline devant le
conformisme du haut
état-major.

la «querelle théologique» de l'armée de métier, danger pour la République. La discussion critique des faits aurait demandé une réflexion approfondie sur la meilleure façon de résister à l'agression qui se préparait outre-Rhin; on n'eut qu'une polémique.

SIXIÈME DERNIÈRE

Paris-soir
Dimanche

SAMEDI
1er
OCTOBRE
1938

LA PAIX !

M. Edouard Daladier est arrivé et après-midi à 15 heures 48 au Bourget

En 1936, de Gaulle veut croire quelques jours que le choc de l'invasion de la Rhénanie, suivie de la victoire électorale du Front populaire, renversera la tendance. Une visite à Léon Blum le confirme dans la bonne volonté et l'impuissance du nouveau président du Conseil. Les crédits sont augmentés, la doctrine n'évolue pas. En 1937, le colonel de Gaulle prend, à Metz, le commandement du 507e régiment de chars. Il a perdu son premier combat politique, la campagne pour la modernisation mécanique.

De Metz, il assiste à la conférence de Munich : la violation des frontières de la Tchécoslovaquie est pour lui le signal de la guerre.

> **C'est à 1 heure 35 ce matin que l'ACCORD des QUATRE a été signé à Munich**

> **Demain, 1er OCTOBRE commencera l'évacuation des régions sudètes**

Les Français étaient pacifiques mais Munich ne fut qu'une mauvaise trêve. Blum parla de «lâche soulagement» et Daladier, le président du Conseil, eut honte des applaudissements qui l'accueillirent à son retour en France.

« Moi, général de Gaulle, actuellement à Londres, j'invite les officiers et les soldats qui se trouvent en territoire britannique ou qui viendraient à s'y trouver, avec leurs armes ou sans leurs armes, j'invite les ingénieurs et les ouvriers spécialistes des industries d'armement qui se trouvent en territoire britannique ou qui viendraient à s'y trouver à se mettre en rapport avec moi... Quoi qu'il arrive, la flamme de la résistance française ne doit pas s'éteindre, et ne s'éteindra pas. »

CHAPITRE II
LA GUERRE INDIVISIBLE

Charles de Gaulle dans son bureau de Londres, photographié par Cecil Beaton.

Une guerre mondiale

Neuf mois avant l'appel historique à la radio anglaise,
la guerre a éclaté, le premier septembre 1939. Les
panzerdivisions ont écrasé la Pologne. Le grand
mérite de Charles de Gaulle est d'avoir aussitôt
compris que cette guerre était mondiale et
d'avoir eu l'audace de le dire haut et clair au
micro de la BBC.

Il sera la voix d'une France toujours libre,
qui dénonce la trahison des chefs, le ridicule
d'une révolution nationale sous la botte
ennemie, le scandale de la collaboration.
Puisque le conflit est mondial, il ne pourrait
cesser qu'avec la défaite du nazisme. Cette
guerre, indivisible, est la guerre de la
condition humaine.

ÉDITION DE 5 HEURES
LE JOURNAL
PARIS, 100, RUE DE RICHELIEU • • • MO.*19-21 • • LUNDI 4 SEPTEMBRE 1939 • 0.30

Hitler n'a pas voulu interrompre les hostilités contre la Pologne

Londres et Paris avaient renouvelé d'une façon pressante à Berlin
leur démarche de vendredi soir mais le Führer a répondu par un refus

LA FRANCE ET LA GRANDE-BRETAGNE
sont en état de guerre avec l'Allemagne

La bataille de France

De Gaulle juge la guerre inéluctable depuis 1936 ;
pour lui, elle a commencé à Munich, lorsque la
France et l'Angleterre ont abandonné la
Tchécoslovaquie. Ce regard stratégique le conduit
à relativiser l'importance du pacte germano-
soviétique d'août 1939, dans lequel les
contemporains voient la cause immédiate de la
guerre. L'alliance entre Staline et Hitler ne peut
durer et, fatalement, l'Union soviétique entrera
dans la guerre.

En attendant, le Parti communiste est mis
aussitôt au ban de la nation, les parlementaires
sont déchus de leur mandat et immédiatement
envoyés en résidence surveillée par le
gouvernement Daladier, qui ne sait pas recréer
l'union sacrée de 1914.

Paralysée par sa doctrine militaire de la «guerre défensive», la République française attend que l'Histoire vienne la chercher. Ainsi un bref et heureux mouvement de ses troupes vers la Sarre est-il vite interrompu. L'armée recule et s'enfonce dans la ligne Maginot, où l'on joue aux cartes et boit le Pernod. C'est la « drôle de guerre » de l'hiver 1939-1940, qui conduit de Gaulle à lancer un ultime avertissement à la classe politique : il écrit un *Mémorandum*, tiré à 80 exemplaires, envoyé aux responsables politiques. Magistrale analyse de la campagne polonaise où, en trois semaines, les divisions blindées de Hitler ont assuré la victoire; c'est le «cas pratique» illustrant les thèses de *Vers l'armée de métier*, qui avait fait scandale.

Le personnel politique de la IIIe République sera balayé par l'épreuve. Mis en prison, Léon Blum (page de gauche) sera accusé de «bellicisme» au procès de Riom et, après s'être rallié à de Gaulle, sera déporté en Allemagne, d'où il ne reviendra qu'après la victoire. Le président de la République Albert Lebrun (ci-dessous à gauche) s'enfermera à Vizille; il n'en sortira qu'en 1944 pour venir saluer l'homme du 18 Juin. Le loup dévore le mouton : Hitler envahit la Pologne (à gauche).

Léon Blum, maintenant convaincu de la justesse de ces vues, n'a plus d'influence. Le milieu militaire reste figé, hostile. Il n'y a guère que Paul Reynaud, devenu en mars le chef du ministère, pour vouloir utiliser ce colonel aux sentences prophétiques. A défaut de faire de lui un ministre, on lui donne le commandement de la 4e division cuirassée, qui n'existe encore que sur le papier et devrait être rassemblée pour le 15 mai. En attendant, il est nommé général de brigade à titre provisoire.

Hitler n'attend pas. Le 10 mai commence sa foudroyante offensive. Appuyées par l'aviation, les panzerdivisions traversent la frontière belge et, le 14, atteignent Sedan. Le 18, elles sont en ligne, prêtes à foncer sur Paris. Si bien que du 17 au 20, et encore du 22 au 27, la résistance improvisée par de Gaulle autour de Montcornet sera l'un des rares obstacles rencontrés : « Le 30 mai, écrit-il dans ses *Mémoires*, la bataille est virtuellement perdue. » Devant ce désastre, la question devient politique : « Les pouvoirs publics sauront-ils, quoi qu'il arrive, mettre l'Etat hors d'atteinte, conserver l'indépendance et sauvegarder l'avenir? Ou bien vont-ils tout livrer dans la panique de l'effondrement? », résume le mémorialiste.

« Au spectacle de ce peuple éperdu je me sens pris d'une fureur sans bornes : ah! c'est trop bête »

Rupture du front, exode des populations, l'Etat s'effondre. Le 7 juin, le général Delestraint annonce à de Gaulle son entrée au ministère comme sous-secrétaire d'Etat à la Guerre. Onze jours pour faire partie du gouvernement de la République sans même

Depuis 1934, de Gaulle fait partie de l'entourage de Paul Reynaud (au centre sur la photo), l'un des seuls à voir juste en matière démographique – la France connaît une crise de la natalité – et, en matière économique, à être convaincu de la nécessité de dévaluer. Après Munich, il est devenu ministre des Finances et, avec ses collaborateurs G. Palewski et M. Debré, il préside à un remarquable redressement. En mars 1940, Daladier lui cède la présidence du Conseil mais son ministère est paralysé par la division entre anti-Munichois et Munichois, de sorte que le 18 mai Pétain devient vice-président du Conseil. Nomination que ne peut guère équilibrer l'entrée de De Gaulle, le 5 juin. Reynaud démissionne le 16 : son ministère aura été le dernier gouvernement régulier de la République. Le journal L'Illustration publie des images d'un front particulièrement immobile (page de gauche et ci-contre) qu'elle légende «La guerre de mouvement»; comme en 1914, il s'agit pour le journal de soutenir le moral des troupes.

avoir l'occasion d'assister au conseil des ministres ! C'est peu, mais assez pour figurer sur la photo traditionnelle du ministère; prendre la mesure du défaitisme du généralissime Weygand; aller à Londres discuter d'une union franco-britannique et y être rasséréné par la fermeté patriotique de Churchill. De Gaulle reçoit alors les recommandations de

Le ralliement de l'opinion au Maréchal est compréhensible si l'on considère le choc de la défaite qui a désarticulé la société française. De 8 à 10 millions de personnes se jettent sur les routes où bombardements et pillages les attendent. De Gaulle voit là un motif de revanche, A. Fabre-Luce et avec lui les partisans de Vichy y trouvent, eux, le «fondement moral de l'armistice».

Georges Mandel, ministre de l'Intérieur, disciple de Clemenceau, qui l'adjure de «penser à la France», lui, l'homme «intact», à qui ses nouvelles fonctions peuvent faciliter bien des choses. De Gaulle est ému : «C'est à cela qu'a peut-être tenu, physiquement parlant, ce que j'ai pu faire par la suite.» Trois jours plus tard, Pétain, qui a succédé à Reynaud, demande les conditions de l'armistice. De Gaulle quitte Bordeaux dans l'avion de Spears, envoyé spécial de Churchill. Il n'est accompagné que de Geoffroy de Courcel, son officier d'ordonnance.

La France Libre a pour symbole la croix de Lorraine (à gauche) alors que les pétainistes se rallient à la francisque du Maréchal (en bas à droite). Geoffroy de Courcel (à droite ci-dessous) sera le premier Compagnon, celui dont les amitiés anglaises sont précieuses. «Il fait auprès de moi fonction de chef de cabinet, d'interprète et souvent de bon conseiller.»

La France Libre

Premier miracle : l'appel du 18 juin 1940 traverse la mer. Le général de Gaulle invente cette «flamme de la résistance» qui sera l'espoir de tous ceux qui continuent le combat. Pierre Mendès France, qui cherche à s'embarquer vers l'Afrique du Nord, sur le *Massilia*, l'entend à Bordeaux. Le jeune Valéry Giscard d'Estaing a douze ans et, avec son grand-père, le député Jacques Bardoux, en quête d'informations sûres, il écoute la BBC. De même André Philip, le socialiste; René Cassin, le professeur de droit; ou le capitaine de Hauteclocque, plus connu sous le nom de Leclerc, pseudonyme adopté pour ne pas mettre en danger sa femme et ses huit enfants restés en France. Il y a aussi les pêcheurs de l'île de Sein qui, laissant femme et enfants à la garde du recteur et du boulanger, prennent la mer et touchent la Grande-Bretagne le 24 juin.

Quatre jours plus tard, Churchill, qui attendait de plus grands notables, reconnaît en de Gaulle le «chef des Français Libres», qui allait continuer la guerre aux côtés des Alliés.

Mers el-Kébir : un « coup de hache dans l'espoir »

La flotte française bombardée à Mers el-Kébir le 3 juillet 1940 par les Anglais, lors de l'opération Catapult.

Pour éviter qu'elle ne tombe aux mains des Allemands, le 3 juillet 1940, les canons anglais bombardent la flotte française en Méditerranée, dans la rade de Mers el-Kébir, ce qui a le fâcheux effet non seulement de stopper tout net le mouvement de ralliement qui commençait parmi les soldats ou les marins français stationnés en Angleterre après Dunkerque, mais encore d'alimenter la terrible propagande de Vichy.

De Gaulle a le courage de ne pas se voiler la face. Il dit sa douleur et sa colère, mais il ajoute aussitôt qu'il « préfère un bateau coulé par les Anglais que monté par les Allemands ».

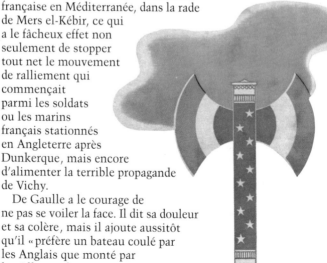

A TOUS LES FRANÇAIS

La France a perdu une bataille!
Mais la France n'a pas perdu la guerre!

Des gouvernants de rencontre ont pu capituler, cédant à la panique, oubliant l'honneur, livrant le pays à la servitude. Cependant, rien n'est perdu!

Rien n'est perdu, parce que cette guerre est une guerre mondiale. Dans l'univers libre, des forces immenses n'ont pas encore donné. Un jour, ces forces écraseront l'ennemi. Il faut que la France, ce jour-là, soit présente à la victoire. Alors, elle retrouvera sa liberté et sa grandeur. Tel est mon but, mon seul but!

Voilà pourquoi je convie tous les Français, où qu'ils se trouvent, à s'unir à moi dans l'action, dans le sacrifice et dans l'espérance.

Notre patrie est en peril de mort.
Luttons tous pour la sauver!

VIVE LA FRANCE !

GÉNÉRAL DE GAULLE

QUARTIER-GÉNÉRAL,
4, CARLTON GARDENS,
LONDON, S.W.1.

ALLOCUTION RADIODIFFUSÉE

prononcée par Monsieur le Maréchal PÉTAIN
CHEF DE L'ÉTAT FRANÇAIS
le 30 Octobre 1940

Français,

J'ai rencontré, jeudi dernier, le Chancelier du REICH.

Cette rencontre a suscité des espérances et provoqué des inquiétudes.

Je vous dois, à ce sujet, quelques explications.

Une telle entrevue n'a été possible, quatre mois après la défaite de nos armes, que grâce à la dignité des Français devant l'épreuve, grâce à l'immense effort de régénération auquel ils se sont prêtés, grâce aussi à l'héroïsme de nos marins, à l'énergie de nos Chefs coloniaux, au loyalisme de nos populations indigènes.

La FRANCE s'est ressaisie. Cette première rencontre, entre le vainqueur et le vaincu, marque le premier redressement de notre pays.

C'est **librement** que je me suis rendu à l'invitation du FUHRER.

Je n'ai subi, de sa part, **aucun dictat, aucune pression.**

Une collaboration a été envisagée entre nos deux Pays. J'en ai accepté le principe. Les modalités en seront discutées ultérieurement.

A tous ceux qui attendent, aujourd'hui, le salut de la FRANCE, je tiens à dire que ce salut est d'abord entre nos mains.

A tous ceux que de nobles scrupules tiendraient éloignés de notre pensée, je tiens à dire que le premier devoir de tout Français est d'avoir confiance.

A ceux qui doutent, comme à ceux qui s'obstinent, je rappellerai qu'en se raidissant à l'excès, les plus belles attitudes de réserve et de fierté risquent de perdre de leur force.

Celui qui a pris en main les destinées de la FRANCE a le devoir de créer l'atmosphère la plus favorable à la sauvegarde des intérêts du Pays.

C'est dans l'honneur et pour maintenir l'unité française — une unité de dix siècles — dans le cadre d'une activité constructive du nouvel ordre Européen que j'entre, aujourd'hui, dans la voie de la collaboration.

Ainsi, dans un avenir prochain, pourrait être allégé le poids des souffrances de notre Pays, **amélioré le sort de nos prisonniers, atténuée la charge des frais d'occupation.** Ainsi pourrait être **assouplie la ligne de démarcation** et facilité l'administration et le ravitaillement du Territoire.

Cette collaboration doit être sincère. Elle doit être exclusive de toute pensée d'agression. Elle doit comporter un effort patient et confiant.

L'Armistice, au demeurant, n'est pas la paix. La FRANCE est tenue par des obligations nombreuses vis-à-vis du vainqueur. **Du moins reste-t-elle souveraine.** Cette souveraineté lui impose de défendre son sol, d'éteindre les divergences de l'opinion, de réduire les dissidences de ses colonies.

Cette politique est la mienne. Les Ministres ne sont responsables que devant moi. C'est moi seul que l'Histoire jugera.

Je vous ai tenu jusqu'ici le langage d'un Père. Je vous tiens aujourd'hui le langage du Chef.

Suivez-moi. Gardez votre confiance en la FRANCE éternelle

Girard-Rivoire, Imp. Lyon

La collaboration : « servitude et trahison »

A l'inverse, le vote du 10 juillet 1940 ratifiant l'abdication régulière de l'Assemblée nationale de la IIIᵉ République entre les mains du maréchal Pétain conforte la valeur morale de l'appel du 18 Juin. Non seulement de Gaulle est le premier à avoir lancé l'appel à la résistance, mais, symbole de la liberté, il deviendra forcément symbole de la république, sitôt que le peuple français verra que les deux sont indissociables.

D'autant que Vichy descend rapidement la pente de la honte : collaboration avec l'ennemi, illustrée par la poignée de mains de Montoire ; discrimination des Juifs, symbolisée par l'étoile jaune ; pillage du pays, qui envoie ses hommes et ses biens en Allemagne participer à l'effort de guerre nazi ; lutte armée de la milice contre les maquis réfractaires du Vercors et d'ailleurs.

«La France a perdu une bataille, la France n'a pas perdu la guerre»

La France Libre est installée à Londres dans un appartement des bords de la Tamise, à Stephens House. Elle dispose de collaborateurs et de meubles d'occasion : quelques tables, des chaises et

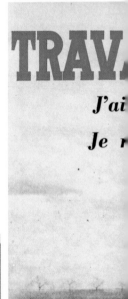

une machine à écrire sur laquelle Elisabeth de Miribel tape, à deux doigts, les moutures successives des discours ou des affiches placardées à Londres au cours du mois de juillet.

Sur le conseil de son mari, Yvonne de Gaulle a gagné la Bretagne, d'où elle s'est embarquée avec ses enfants. Son bateau arrive à bon port, celui qui l'accompagnait est coulé. Philippe devient marin, Elisabeth poursuit ses études à Oxford.

La poignée de mains de Montoire : c'est la photo choc de cette guerre dont l'enjeu est «l'âme de la France». Quatre mois après la débâcle, c'est le premier décrochement d'une opinion jusque-là très pétainiste. En bas, page de gauche, une mise en scène visant à mettre en valeur les qualités domestiques d'Yvonne, qui montre à son mari une chaussette qu'elle vient de tricoter.

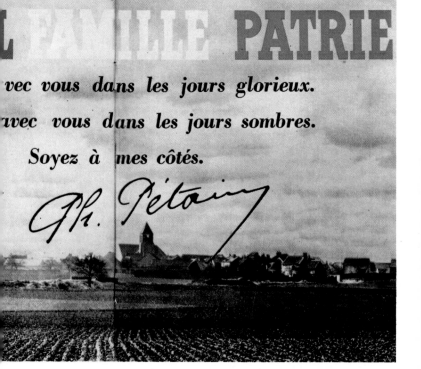

L FAMILLE PATRIE

vec vous dans les jours glorieux.
vec vous dans les jours sombres.
Soyez à mes côtés.

Ph. Pétain

Le 14 Juillet, le général de Gaulle passe en revue à Londres la petite troupe venue défiler au nom des 7000 hommes que compte alors la France Libre. « Qu'elle est courte, l'épée de la France ! »

« Vous tombez à pic »

Ainsi est accueilli René Cassin, le 28 juin. Il se met aussitôt au travail pour trouver les termes de droit capables de définir les relations de la France Libre avec la Grande-Bretagne. La consigne est simple : « Nous ne sommes pas une légion étrangère. Nous sommes la France. » Et Cassin de dépouiller les manuels de droit public pour mettre en forme les principes de la France Libre : fidélité à l'alliance de guerre et aux lois de la république, unité de l'effort français de libération sous la direction du général de Gaulle, qui a « le commandement suprême de la force française composée de volontaires », point capital pour faire l'union de la résistance intérieure et des forces extérieures. Ancien combattant de la guerre de 1914-1918, et fidèle républicain, Cassin découvre avec joie que la France a de nouveau un chef. Non sans malice, il raconte que le Général « s'adapta vite à ses nouvelles responsabilités, abandonnant l'expression autoritaire qui lui était naturelle, "moi, général de Gaulle", pour employer la formule "nous" et adopter la troisième personne pour se désigner ». C'est encore sur son initiative que de

Gaulle désigne du terme «compagnon» les membres du futur ordre de la Libération, terme moins marqué politiquement que le «croisé» choisi à l'origine.

«C'était en Afrique que nous, Français, devions continuer la lutte»

En cet été 1940, la guerre divise les Français. Si, par l'armistice, la France métropolitaine est sortie du champ de bataille, que va faire l'Empire? C'est, avec la flotte basée à Toulon, un des deux atouts mentionnés le 18 juin par de Gaulle. La France Libre va donc essayer de l'arracher à Vichy pour le remettre dans la guerre. Sauf Catroux qui, venu d'Indochine, se met aux ordres à Fort-Lamy, aucun des proconsuls d'Afrique du Nord ne bouge. En Afrique noire, c'est le gouverneur Félix Eboué, Antillais nommé au Tchad

René Cassin (à gauche) et Félix Eboué (ci-dessus) ont très tôt mis leur expérience au service de la France Libre. Le «Français noir», gouverneur du Tchad, accueille de Gaulle en 1940, à Fort-Lamy. En haut, de Gaulle à Londres passe en revue les cadets de la France Libre.

par Georges Mandel, qui, le premier, télégraphie son ralliement. De Gaulle l'accepte en lui demandant de garder le secret jusqu'à ce que Larminat et Leclerc aient eu le temps de rallier l'Afrique équatoriale française. Ce qui est pratiquement fait fin août.

Encouragés par ce succès, de Gaulle et les Anglais conçoivent alors une opération directe sur Dakar et l'Afrique occidentale française. Echec terrible. Tout se ligue : le contretemps des calendriers français et anglais; la connivence de l'Espagne avec le régime de Pétain qui laisse passer par Gibraltar deux bateaux de Vichy; le brouillard et enfin l'incompréhension des Français d'AOF qui décident de donner du canon contre de Gaulle et ses messagers. Désespoir du Général. S'était-il trompé sur les Français ?

«En dépit de leurs déconvenues, les Français Libres restaient inébranlables»

C'est à Douala, où il est reçu par Leclerc, que de Gaulle découvre la popularité, la joie «d'incarner pour ces compagnons le destin de notre cause», qui le poussent à rebondir, et à créer le Conseil de défense de l'Empire. Il lance de Brazzaville, le 27 octobre,

De Gaulle, en «terre française», à Brazzaville. La capitale de l'Afrique équatoriale joue un rôle important dans la destinée du Général : c'est là qu'en 1940 il définit son pouvoir comme un pouvoir provisoire et qu'en janvier 1944 il revient pour ouvrir la conférence des gouverneurs de l'Empire qui donne le coup d'envoi de la future union française.

son premier manifeste politique. De cette terre française équatoriale brûlée de soleil, en déniant « une fois pour toutes aux gouvernants de Vichy le droit de légitimité », le chef des Français Libres devient homme d'Etat : « Il n'existe plus de gouvernement proprement français. En effet, l'organisme sis à Vichy et qui prétend porter ce nom est inconstitutionnel et soumis à l'envahisseur. Il faut donc qu'un nouveau pouvoir assume la charge de diriger l'effort de guerre. Les événements m'imposent ce devoir sacré, je n'y faillirai pas. J'exercerai ces pouvoirs au nom de la France et uniquement pour la défendre et je prends l'engagement solennel de rendre des comptes de mes actes aux représentants du peuple français dès qu'il lui sera possible d'en désigner

N'oubliez pas Oran!

librement. » Tout le programme politique de la Libération est contenu dans ces mots. Sans prononcer le terme « république », le chef de la France Libre en accepte les mécanismes. La doctrine militaire et politique de la France Libre est au point. Reste à la faire reconnaître des instances internationales.

Les Alliés : Churchill devant la croix de Lorraine

Le premier allié, le plus sûr, celui qui, malgré les traverses, restera fidèle jusqu'aux pourparlers victorieux de 1945, c'est Churchill.

Le vieux lion *tory* de Grande-Bretagne, l'adversaire de Munich, le vainqueur de la bataille d'Angleterre pendant l'été et l'automne 1940, portera à bout de bras la croix de Lorraine du général de Gaulle.

Ami de la France, dont il parle la langue avec un accent bien à lui, il a perçu, quand le 13 juin il a visité le gouvernement français en détresse, que ce géant impassible est un roc de volonté. Passant devant lui, il a chuchoté : « L'homme du destin. » Le 16 juin, de Gaulle est à Londres où l'on discute de l'envoi d'avions supplémentaires pour la campagne de France. Ce jour-là, Churchill a détecté sous le masque impavide du soldat « cette surprenante sensibilité à la douleur » qui, de temps à autre, éclate en colères somptueuses, colères du patriotisme outragé, qui rendront leurs relations si difficiles : « Vous me ferez peut-être coucher à la Tour de Londres, dit le Général, mais jamais à Vichy ! »

Magnanimes après l'échec de Dakar, les Anglais sortent leurs griffes en 1941 au Moyen-Orient, où l'Intelligence Service n'a jamais accepté la présence

En haut, Churchill et de Gaulle inspectant les troupes. Ci-dessus, de Gaulle à Beyrouth chez le général Catroux.

L'AVIATION DE BOMBARDEMENT GRANDIT

Depuis 1917, Georges Catroux est le plus ancien compagnon de Charles de Gaulle. De dix ans son aîné, il est, en 1940, gouverneur d'Indochine, ce qui ne l'empêche pas de mettre ses cinq étoiles au service de la France Libre, où sa diplomatie et sa connaissance du Levant seront précieuses. «S'il m'arriva de penser que son désir de séduire et son penchant pour la conciliation ne répondaient pas toujours au genre d'escrime qui lui a été imposé, s'il tarda, en particulier, à discerner dans sa profondeur la malveillance du dessein britannique, je ne laissai jamais de reconnaître ses grands mérites et ses hautes qualités», écrira de Gaulle, qui prendra toujours soin de se faire accompagner de Catroux pour ses visites protocolaires auprès des autorités locales.

de la France. «C'est une rude épreuve que de résister à la machine britannique!», écrit de Gaulle et d'autant que les Allemands s'inspirent de l'aventure de Lawrence en suscitant une révolte arabe en leur faveur.

«Ce qu'il adviendrait en Syrie et au Liban était essentiel. Tôt ou tard, il faudrait y aller»

En mai 1941, l'amiral Darlan va en Allemagne recevoir les ordres de Hitler. Il accepte que les aérodromes de Syrie laissent transiter les avions allemands pour mieux aider la révolte nationaliste

de Bagdad. Trahison intolérable, pour Churchill comme pour de Gaulle. Voilà l'occasion de ramener du bon côté la Syrie et le Liban… Hélas! Du 8 au 20 juin, des combats fratricides opposent Français de Vichy, sourds aux proclamations de Catroux, et Anglais, aidés de la petite cohorte des Français Libres. Désespérés de ces combats franco-français, ces derniers refuseront toute décoration pour cette victoire amère.

L'issue politique est encore plus triste. Oubliant les accords de Londres, la convention de Saint-Jean-d'Acre du 14 juillet 1941 ne dit rien des droits de la France Libre. Au mépris des engagements, tous les Français sont rapatriés vers Vichy, sans que le choix de partir ou de rester leur soit donné. Le 12 septembre 1941, à Londres, a lieu entre de Gaulle et Churchill une de leurs plus orageuses entrevues. Commis d'office, les deux interprètes s'enfuient du petit bureau du 10, Downing Street, effarés par les éclats de voix de ces gentlemen : le Général n'accepte pas que l'indépendance ait pu être promise à la Syrie et au Liban par une Grande-Bretagne qui n'a aucun titre pour le faire; le Premier ministre se plaint d'une interview infamante accordée par de Gaulle à un journaliste américain.…

La trève viendra, car la guerre reste l'urgence, mais sa phase strictement anglaise a pris fin.

«Nous n'avons pas les moyens de refuser le concours des Russes, quelque horreur que nous ayons pour leur régime»

Avec l'invasion de l'Union soviétique par l'armée allemande, le 21 juin 1941, et l'agression japonaise

FRANÇAIS

apprenez ce que le Maréchal a fait pour vous depuis l'Armistice

Sous la présidence du maréchal, le régime connaît plusieurs chefs de gouvernement : Laval, Flandin, Darlan et, à nouveau Laval. Il s'agit de révolutions de palais car la collaboration avec l'Allemagne commence aussitôt, ainsi que la répression contre les «terroristes» (les communistes) et la «dissidence» (les gaullistes). La bataille du Pacifique (à droite) éclate en décembre 1941, après l'agression japonaise contre Pearl Harbour.

dans le Pacifique américain en décembre, la guerre est devenue planétaire. Pour de Gaulle, aucun doute : un second front doit être ouvert en France. Ce sera la base de son alliance de guerre avec Staline qui, l'année suivante, facilite l'intégration du Parti communiste français dans la résistance organisée sous son égide.

Jusque-là, mobilisé contre la « guerre impérialiste », Staline n'avait guère ménagé les « mercenaires gaullistes ». Mais sous la pression de Hitler, Vichy prend l'initiative de rompre les relations diplomatiques avec l'Union soviétique. Cela permet à Staline, qui « s'était nommé maréchal et ne quittait plus l'uniforme », d'accueillir avec faveur les ouvertures de la France Libre, comme l'escadrille de chasse Normandie, bientôt célèbre sous le nom Normandie-Niémen.

❝ Nous nous efforcions de fournir au front de l'est une contribution directe, si modeste qu'elle pût être. J'envoyai le groupe de chasse Normandie – plus tard Normandie-Niémen – qui devait y servir magnifiquement et fut la seule force occidentale combattante sur le front de l'est. ❞

Mémoires de guerre

•• J'appris le 23 juin 1941 l'ouverture des hostilités entre Russes et Allemands. Mon parti fut pris aussitôt. Je télégraphiai les instructions que voici : "Comme Churchill, nous sommes très franchement avec les Russes puisqu'ils combattent les Allemands. Ce ne sont pas les Russes qui écrasent la France, occupent Paris, Marseille, Bordeaux et Strasbourg. Les avions, les chars et les soldats allemands que les Russes détruisent et détruiront ne seront plus là pour nous empêcher de libérer la France.**••**

Mémoires de guerre

Ci-contre, Joseph Staline en grand uniforme.

De Gaulle fait plus confiance aux vertus de l'espace et du peuple russe qu'à celles d'un régime sur lequel il n'a pas d'illusions : « Je pensais qu'avant de philosopher il fallait vivre, c'est-à-dire vaincre. La Russie en offrait la possibilité… Sa présence dans le camp des Alliés apportait à la France combattante, vis-à-vis des Anglo-Saxons, un élément d'équilibre dont je comptais bien me servir. »

« Un élément d'équilibre » vis-à-vis des Anglo-Saxons : toute la diplomatie du général de Gaulle, formé à l'école républicaine de l'alliance franco-russe est là. C'est en son nom qu'il va à Moscou en décembre 1944 pour signer un traité d'alliance, qui s'avère inutile pour réorganiser la rive gauche du Rhin.

❝ En réalité, le président Roosevelt, sous le couvert de proclamations qui publiaient le contraire, entendait que les fils de nos divisions aboutissent entre ses mains. ❞

Mémoires de guerre

«Les Etats-Unis apportent aux grandes affaires des sentiments élémentaires et une politique compliquée»

Président vénéré du New Deal, deux fois réélu à la tête de l'Etat, Roosevelt est beaucoup plus difficile à convaincre que Staline. Pour lui, cette France vaincue n'est qu'un objet de politique internationale et son empire, disloqué, doit revenir aux Nations unies, qui conduiront ces peuples à la bataille et à l'indépendance. Il cherche donc à signer des accords locaux avec les autorités compétentes pour protéger les arrières américains. On mesure l'écart avec l'antienne gaulliste pour qui la France n'est jamais sortie de la guerre ; mieux, qui, depuis trente ans, est à « l'avant-garde du combat des démocraties ». Et, pour le prouver, quinze jours après Pearl Harbour, les Forces françaises libres organisent le ralliement de Saint-Pierre-et-Miquelon. Six mille habitants, survivants de l'ancien Canada français, serviront à illustrer la volonté française de participer à la guerre mondiale. Aux Etats-Unis, c'est la tempête devant « l'agression ». L'épisode tournera à la confusion du gouvernement américain, grâce à l'aptitude du

De Gaulle passe en revue les marins ralliés de Saint-Pierre-et-Miquelon et commente l'attitude des Américains. « Ce qu'il y avait d'étrange sinon de trouble dans l'attitude des Etats-Unis à notre égard allait d'ailleurs être révélé par [cet] incident, infime en lui-même, auquel la réaction officielle de Washington conférerait une sérieuse importance. Peut-être de mon côté l'avais-je provoqué pour remuer le fond des choses comme on jette une pierre dans l'étang... Nous pensions [à ce ralliement] depuis le début. Il était en effet scandaleux que, tout près de Terre-Neuve, un petit archipel français, dont la population demandait à se joindre à nous, fut maintenu sous l'obédience de Vichy. »
Mémoires de guerre

général de Gaulle à mobiliser l'opinion publique qui lui est favorable.

Roosevelt en est mortifié. Ce qui ne facilite évidemment pas les choses lorsqu'un an plus tard l'Afrique du Nord en son entier entre dans la guerre, à l'initiative des Américains.

« Robert arrive ! Robert arrive ! »

Le 7 novembre 1942, le général de Gaulle est convoqué dans le bureau de Churchill, qui se confond en d'étranges excuses... C'est que, depuis le matin, toutes les radios serinent le message « Robert arrive », du prénom du diplomate américain Robert Murphy,

Charles de Gaulle lors son discours aux Français à l'Albert Hall, à Londres.

qui a réglé l'opération Torch, nom de code du débarquement américain en Afrique en Nord. Mais rien ne se passe comme prévu.

Conduit par les Britanniques, le général Giraud est resté à Gibraltar : Darlan, qui, de février 1941 à avril 1942, a été le chef d'un gouvernement de trahison, est à Alger. Il se présente comme l'héritier de Pétain. Camarade de promotion de De Gaulle, le général Juin, qui commandait en chef jusqu'à l'arrivée de Darlan, arrive à faire triompher ce que le général appelle le « bon sens ». Juin presse Darlan – qui avait d'abord ordonné la résistance – d'accepter le cessez-le-feu et prend contact avec Giraud. Ce dernier arrive... mais se met aussitôt aux ordres de Darlan et de son soi-disant Comité impérial! Et voilà un débarquement allié transformé en triomphe pour Vichy!

Le 11 novembre 1942, à l'Albert Hall de Londres, le général de Gaulle parle haut et clair : « La colossale balance qui, jusqu'alors, s'inclinait lourdement du côté de la tyrannie, penche vers la liberté. »

Darlan illustre les impasses de Vichy. L'amiral accepte la collaboration militaire en Syrie. Pourtant, lorsque la Wehrmacht occupe la zone libre, à la suite du débarquement allié en Afrique du Nord, la flotte française se saborde à Toulon (en haut).

Reste à la France combattante à jouer son rôle.
C'est en son nom que parle le Comité national
quand il requiert le concours de tous «pour arracher
à l'ennemi et à Vichy notre pays qu'ils écrasent, pour
rétablir intégralement toutes les libertés françaises

et faire observer les lois de la république.»

République : pour la première fois, le mot est
officiellement prononcé. Ce qui avait été confié
à René Cassin dans le secret du cabinet est
maintenant officialisé et le Général commence
son message de Noël 1942 par ces mots : «La
République française a toujours voulu gagner
cette guerre aux côtés de ses Alliés.» Mais il
faudra attendre cinq mois avant de pouvoir
rejoindre Alger, où règnent les Américains et
leur protégé Darlan.

Tragédies franco-françaises

L'armistice ayant été rompu en Afrique,
la Wehrmacht pénètre en zone libre.
Weygand et de Lattre de Tassigny
sont arrêtés. L'armée
d'armistice se laisse désarmer,
la flotte de Toulon, elle, se saborde
le 27 novembre.

Trois mille Français ont été tués ou blessés lors du
débarquement américain en Afrique du Nord. Cette
résistance n'empêche pas Roosevelt de «surmonter à
l'égard de Darlan les scrupules démocratiques qui,
depuis plus de deux années, l'opposaient au général

Weygand restera
sourd aux
invitations de De
Gaulle : «Je suis trop
vieux pour devenir un
rebelle.»

de Gaulle ». Darlan est reconnu par le général Clark le 22 novembre. Dès le lendemain, Dakar et l'ensemble de l'AOF se rallient à Darlan !

A Alger, le petit groupe de gaullistes qui, réuni autour de René Capitant et de Louis Joxe, avait aidé les Alliés le 7 novembre, est dispersé. Le comte de Paris croit son heure arrivée et suggère de mettre Darlan à l'écart : le 24 décembre, l'amiral est assassiné par Bonnier de la Chapelle, « enfant bouleversé par le spectacle d'événements odieux » écrira de Gaulle ; il croit débarrasser le pays d'un obstacle « jugé scandaleux ». Au lendemain d'un étrange et expéditif procès, le jeune homme est exécuté.

Le général Giraud, « soldat qui ne s'intéresse qu'à la guerre », succède à Darlan. Lui non plus ne tarde pas à afficher sa fidélité au Maréchal ! Pour asseoir son autorité, Roosevelt va se dépenser sans compter.

La poignée de main d'Anfa : un théâtre

Le président américain décide de « marier » les deux généraux, qu'il n'appelle plus que « prima donna ». Il les invite « chez lui », au Maroc. De Gaulle aurait préféré une « rencontre entre Français et en territoire français ». Il l'écrit à Giraud, qui lui propose en retour ses cinq étoiles pour qu'ils soient à égalité ! De Gaulle refuse.

Il résiste aussi à Churchill au cours d'un entretien d'une « extrême âpreté, la plus rude de toutes nos rencontres ». Roosevelt joue de son charme, demandant à de Gaulle de se laisser photographier aux côtés du général Giraud et de lui serrer la main…

En fait rien n'est réglé par ce pâle sourire de janvier 1943 : la situation se décantera sur le terrain militaire. Le 2 février, la colonne Leclerc, venue du Tchad, réussit sa jonction avec l'armée française d'Algérie et, trois mois et demi plus tard, fait son entrée triomphale à Tunis.

En France, grâce aux missions du colonel Rémy, de Passy, de Brossolette et de bien d'autres, Jean Moulin réussit, le 27 mai, la réunion miracle des mouvements et des partis dans le même organe, le Conseil national de la Résistance, favorable à la primauté du général de Gaulle.

Jean Moulin et le soutien de la Résistance

La France de 1940, celle du désastre et de l'exode, était sans voix. Les plus courageux avaient pourtant réagi. A Chartres, le préfet Jean Moulin s'ouvre les veines pour ne pas avoir à signer un communiqué raciste accusant les troupes sénégalaises d'infamie.

La conférence d'Anfa. De gauche à droite : Giraud, Roosevelt, de Gaulle et Churchill. « Les journaux [...] en Amérique et même en Grande-Bretagne ne paraissaient pas mettre en doute que l'unité dût se faire autour de Giraud. Presque tout ce que l'on trouvait à lire [...] était à mon endroit les jugements les plus sévères. Certains disaient : "déplorable orgueil" ou bien "ambition déçue". Mais la plupart avançaient que j'étais candidat à la dictature ; que mon entourage noyauté de fascistes ou de cagoulards me poussait à instituer en France, lors de la Libération, un pouvoir personnel absolu. »

Mémoires de guerre

Pour cacher la cicatrice de son cou il portera désormais une écharpe. Dans le Midi, on distribue dans les boîtes aux lettres les *Conseils à l'occupé* de Jean Texier, militant socialiste, qui demande à ses lecteurs de les recopier et de les redistribuer... «Celui qui ne se rend pas a raison contre celui qui se rend», dit à Brive Edmond Michelet avec Péguy.

«L'action met en valeur les ardeurs. Mais c'est la parole qui les suscite»

Exilé à Londres, de Gaulle et les Français Libres ont à cœur de ne pas être des émigrés. «On n'emporte pas la Patrie à la semelle de ses souliers» : Vichy paraphrase Danton et ajoute que «la terre ne ment pas», qu'elle «manque de bras». L'éloge de la tradition rurale va de pair avec le moralisme familial de la Révolution nationale : Travail, Famille, Patrie. Pour lutter contre ce prêchi-prêcha et réveiller la «princesse endormie», de Gaulle lance une extraordinaire guerre des ondes. En trois ans, il s'exprime soixante-cinq fois à la radio anglaise, et seize fois devant les radios françaises de Brazzaville et de Beyrouth – plus particulièrement quand, en raison d'une crise politique, l'accès de la BBC lui est interdit ! Il utilise l'humour et le bon sens pour dénoncer les pièges de l'armistice et ridiculiser le procès de Riom, qui cherche les responsables de la guerre. Ce sont «messieurs Hitler et Mussolini», dictateurs traités d'aigles, de vautours, de lions ou de chacals... Mussolini n'a pas les moyens de ses prétentions; Hitler, ce «diabolique génie», manipule le vainqueur de Verdun et traite en esclave le peuple de France...

De Gaulle en appelle à Jeanne d'Arc, à Gambetta et à Clemenceau, dans une généalogie de l'honneur où chacun peut trouver son saint. Il célèbre sur les ondes les 14 Juillet, 11 Novembre ou Nouvel An, et chaque année exprime les mêmes vœux de victoire. Il s'adresse à la nation «dans ses profondeurs», demande une minute de silence ou un arrêt symbolique de travail de une heure, afin de matérialiser le lien spirituel qui unit l'ensemble du peuple à ses combattants.

Pour les résistants de France, ceux que Malraux appellera «le peuple de l'ombre», les mots d'ordre

Contre la propagande de Vichy, la résistance se lève. Ci-dessous, Jean Moulin : «Cet homme jeune encore, mais dont la carrière avait déjà formé l'expérience, était pétri de la même pâte que les meilleurs de mes compagnons, rempli jusqu'aux bords de l'âme de la passion de la France.»

sont préparation, recueil des renseignements, et attente de l'insurrection finale, qui viendra en aide aux troupes alliées à l'heure H.

«La nation plébiscite la France combattante»

Dès août 1940, les premiers agents de la France Libre ont débarqué en France. Sous-marins, avions lysanders, infiltrations par Gibraltar et la frontière d'Espagne : toutes les filières sont utilisées.

Der Ingenieur

Jacques BONSERGI

AUS PARIS

ist wegen einer Gewalt
gegen einen deutschen
Wehrmachtangehörige
durch das Feldkriegsger
zum

TODE VERURTEIL

und heute erschossen wor

Paris, den 23 Dezember

DER MILITARBEFEHLSHA
IN FRANKREICH.

Ces agents rencontrent les patriotes restés en France. Des militaires comme Honoré d'Estienne d'Orves ou Henry Frénay, des militants catholiques comme François de Menthon ou Pierre-Henri Teitgen ont établi des contacts, créé les premiers réseaux de renseignements, imprimé des journaux clandestins. Un des plus connus, Rémy, racontera plus tard ses aventures dans *Le Livre du courage et de la peur*.

Fondateur de la Confrérie Notre-Dame, ce galant homme traverse la mer avec des hortensias pour offrir à madame de Gaulle des fleurs de France. Il noue aussi, dès 1942, les premiers contacts avec le Parti communiste, dans la droite ligne de la mission de Jean Moulin, arrivé à Londres à Noël 1941, et qui réussira, en 1943, le prodige de la réunion plénière du Conseil national de la Résistance, à Paris.

En mai 1942, Christian Pineau, de Libération Nord, premier syndicaliste à traverser la Manche, présentait au Général les requêtes politiques d'une Résistance qui veut des assurances pour la Libération. Il repart avec un message à publier dans la presse clandestine. Pierre Brossolette, de la SFIO pense déjà à un nouveau Parti travailliste, à créer après la victoire. Il ne la verra pas.

Jean Moulin non plus. Arrêté quelques semaines plus tard, il meurt, atrocement torturé, sans avoir parlé. Il aura été le lien entre la France bâillonnée et celui que Jean Lacouture appelle « Charles sans terre ».

Le soutien de la Résistance permet à de Gaulle d'arriver à Alger le 30 mai.

A rrêté par la Gestapo, Pierre Brossolette se jeta par une fenêtre pour ne pas révéler les secrets qu'il détenait. Les opérateurs radio seront les héros obscurs de la guerre des ondes (page de gauche).

FRENCH RESISTANCE
HELPS THROTTLE THE BOCHE

Ingénieur
ES **BONSERGENT**
DE PARIS
condamné à mort par
ibunal militaire allemand
pour
TE DE **VIOLENCE**
envers un membre
l'Armée Allemande.
ÉTÉ FUSILLÉ CE MATIN
Paris, le 23 décembre 1940.
DER MILITARBEFEHLSHABER
IN FRANKREICH.

❝ Le 30 mai, à midi, un avion de la France combattante me dépose à Boufarik. Massigli, Philip, Palewski, Billotte… m'accompagnent. Le général Giraud est là (sur la photo); le général Catroux aussi. Les représentants des missions américaines et anglaises sont placés derrière les Français. La garde mobile rend les honneurs. Une musique joue *la Marseillaise*. Quant aux voitures, elles sont françaises. Ces signes, comparés à ceux qui marquaient l'accueil d'Anfa, me montrent qu'en Afrique du Nord, la France combattante et, par elle, la France tout court, ont gagné des points.❞

Mémoires de guerre

Alger : «la République continue»

De Gaulle deviendra à Alger le chef du Gouvernement provisoire de la République française. Face à Giraud, l'homme des Américains, il rappelle qu'il est le pouvoir politique. N'a-t-il pas été sous-secrétaire d'Etat du dernier «gouvernement régulier» de la République? La France combattante n'a-t-elle pas le soutien de la nation dans ses profondeurs? Et la libération de la Corse illustrera l'effondrement du «château de cartes» de Vichy.

Enfin, de Gaulle prépare le retour de la légalité républicaine, ce qui signifie abandon des lois d'exception, convocation d'une Assemblée consultative, où siégeront côte à côte anciens parlementaires et membres des mouvements mandatés par la Résistance et, dès le débarquement, organisation d'une administration républicaine capable de s'affirmer face aux Américains, qui voudraient gouverner la France comme un territoire occupé.

Le général de Gaulle dut composer, accepter la coprésidence d'une structure nouvelle, le Comité français de libération nationale. Giraud est relégué dans son commandement militaire mais ses troupes se rallient aux Forces Françaises Libres! A l'automne, «l'héroïque croix de Lorraine» a gagné et le «frisson libérateur de la Corse» achève de montrer qui est le vrai chef de ce «gouvernement de la guerre, de l'unité et de la République».

Arrivé à Alger, de Gaulle va abolir la législation de Vichy (sur les Juifs, les francs-maçons et les communistes) et, à Constantine, il s'adressera aux musulmans pour annoncer l'élargissement de la citoyenneté.

Le Comité s'élargit aux membres de la Résistance : en novembre Emmanuel d'Astier de la Vigerie devient commissaire à l'intérieur, chargé, en relation avec Michel Debré, qui est en France, de la nomination clandestine des futurs commissaires de la République et des préfets de la Libération. En janvier 1944, le Parti communiste fait son entrée, sans avoir pu poser de conditions politiques.

Et le grand jour arrive. Le débarquement allié sur les côtes de Normandie a lieu le 6 juin.

Le débarquement a lieu à Arromanches, en Normandie, le 6 juin. Les troupes aéroportées sont commandées par le général Montgomery (à droite), qui a son Q.G. à Ranville. Débarqué à Courseulles, de Gaulle lui rend visite.

La bataille suprême

Prévenu *in extremis,* le Général est
rentré à Londres trois jours avant et
doit encore lutter pour que des
parachutistes français participent aux
premières opérations.

Le 14, il débarque lui-même à
Courseulles et à Bayeux. La population
l'acclame, Vichy s'effondre et la
nouvelle administration sort de la
clandestinité.

De Gaulle repart à Alger fêter le
18 Juin devant l'Assemblée
consultative, puis consacre le mois de
juillet à la reconnaissance diplomatique
de son gouvernement.

Il va aux Etats-Unis, puis en Italie,
où les troupes du maréchal Juin ont
remporté la victoire du Mont Cassin.
Rome « ville ouverte » : les troupes
françaises y sont entrées le 5 juin.

❝ Paris, depuis quatre ans, était le remords du monde libre. Soudain, il en devient l'aimant. [...] Si on le laisse faire, Paris tranchera la question du pouvoir. Si de Gaulle arrive dans la capitale sans qu'on ait créé des faits accomplis, il y sera consacré par l'acclamation. [...] J'étais informé que la trêve, mal accueillie par la plupart des combattants, n'avait été que partiellement observée... Le combat avait repris dans la soirée du 21, les préfectures, les ministères, les mairies étaient aux mains des nôtres, partout les Parisiens élevaient des barricades. **❞**

Mémoires de guerre

A la fin du mois, le pape, longtemps réticent, reçoit de Gaulle. Pie XII, fort aimable, voit en lui le prochain chef de gouvernement de la France libérée, tout comme Roosevelt, à qui il rend enfin visite. Mais c'est Paris qui fera le « sacre républicain » de Charles de Gaulle.

« Paris martyrisé ! mais Paris libéré ! »

Le 21 août 1944, le général de Gaulle prend pied sur le sol de France. Il débarque à Cherbourg, traverse le Cotentin, gagne l'Anjou, où Michel Debré, commissaire de la République, le reçoit. Puis le voilà à Rambouillet, où Eisenhower hésite entre libérer Paris ou Berlin. De Gaulle obtient que la division Leclerc soit détachée vers Paris, où l'insurrection a déjà éclaté.

La 2e DB fonce, arrive à la gare Montparnasse le 25. De Gaulle l'y rejoint. L'acte de reddition allemande est déjà signé. Algarade avec Leclerc, qui a accepté au

De Douala à Paris en passant par le Tchad et la Tunisie, Leclerc et ses hommes de la 2e DB ont écrit tous les exploits de la France Libre. C'est à eux qu'il revenait de libérer Paris. Ils arrivent le 24 août et investissent l'Hôtel de ville, le Luxembourg, l'Ecole militaire, le Palais-Bourbon...

De Gaulle rejoint Leclerc à la gare Montparnasse le 25 août 1944. Le Général craignait deux types de manœuvres : celles des Américains (qui cherchent à utiliser Laval et Herriot pour créer un semblant de transition avec Vichy) ou celles des communistes (tentés de proclamer un «gouvernement populaire» avec qui il faudrait négocier). Pour éviter les risques, il avait obtenu que Leclerc et la 2e DB soient les premiers à entrer dans la «Ville», où l'insurrection éclate le 23 août.

bas de l'acte la signature de Rol-Tanguy : colonel de la Résistance, ce dernier n'a pas de titre pour signer avec un général d'armée. Au ministère de la Guerre, rien, pas même les huissiers, n'a bougé depuis 1940. De Gaulle y réinstalle l'Etat, puis continue vers la préfecture de police et l'Hôtel de Ville, où l'attend le CNR au grand complet.

Au comble de l'émotion, le Général prononce la célèbre apostrophe à la capitale : «Paris! Paris outragé! Paris brisé! Paris martyrisé! mais Paris libéré! Libéré par son peuple avec le concours des armées de la France, avec l'appui et le concours de la France entière, de la France qui se bat, de la seule France, de la vraie France, de la France éternelle!»

L'auditoire croyait que de Gaulle irait sur le balcon proclamer la République, exactement comme en 1848 ou 1870. Mais «la République existe; elle continue», dit le Général. Première faille, qui ne fera que s'élargir, entre la Résistance intérieure – qui est sur le terrain et qui gagnera les élections – et l'homme du 18 Juin qui, lui, a mené une «guerre mondiale», largement ignorée par une France bâillonnée.

«Devant moi les Champs-Elysées : ah! c'est la mer!»

L'heure est quand même aux retrouvailles patriotiques. Le lendemain, 26 août, de Gaulle ranime à l'Etoile la flamme du soldat inconnu puis va à pied à Notre-Dame pour un *Te Deum*. Piéton de Paris, «familier et fraternel», il descend l'avenue et sonde les cœurs, évoque des souvenirs : Clemenceau, le Père la Victoire; les Invalides de la gloire louis-quatorzième; la Concorde, qui ne s'appelle ainsi que pour faire oublier la guillotine de la Terreur; le Louvre, où saint Louis a mis la Justice; Notre-Dame, cette «prière de la France».

Des balles peuvent crépiter sous les voûtes de la cathédrale, de Gaulle se recueille puis rentre rue Saint-Dominique, au ministère; «Tout se tait autour de moi.» Il prend acte : «L'unité recueillie à Brazzaville, grandie à Alger, est consacrée à Paris.» Mais demain? Pour ce qui est des «rapports humains, mon lot est la solitude». Solitude du 18 Juin, solitude du combattant. Solitude du bâtisseur qui, contre les routines et les paresses, voudra construire cette «République pure et dure», attendue par tant de combattants.

Hitler avait ordonné de faire de Paris un tas de cendres. Grâce à la trêve négociée par le consul de Suède, la bataille de Paris n'aura pas lieu. Sur les Champs-Elysées, Leclerc, Koenig, Parodi, Bidault, défileront derrière de Gaulle sous les acclamations de la foule.

« Je soulignais ce qu'il y avait de mensonger dans la comparaison entre le référendum que j'allais mettre en œuvre et le plébiscite napoléonien. Affecter de craindre que j'étouffe la République quand je la tirai du tombeau était simplement dérisoire. Alors qu'en 1940 les partis et le Parlement l'avaient trahie et reniée, moi, j'avais relevé ses armes, ses lois, jusqu'à son nom. »

CHAPITRE III
LA QUERELLE DU BONAPARTISME

De Gaulle dans les rues de Bayeux, suivi par une foule enthousiaste.

La France de 1944 est soulevée d'un immense souffle patriotique. Débarqué en Provence le 15 août, de Lattre court littéralement le long du Rhône, vole vers l'Allemagne et arrive pour apposer la signature de la France aux accords de Potsdam, le 28 mai 1945. Berlin est divisé entre les quatre puissances victorieuses. Pour de Gaulle, enfin reconnu, c'est la consécration.

«Le monde constatera qu'il y a corrélation entre l'absence de la France et le nouveau déchirement de l'Europe»

C'est à Yalta, en Crimée, qu'a lieu, sans la France, la conférence où prend forme la nouvelle carte de l'Europe. Février 1945 : la Pologne gagne ses territoires à l'ouest tout en perdant sa liberté et les

Le 8 septembre 1944, le gouvernement provisoire de la République française s'élargit de façon à devenir un «gouvernement d'unanimité nationale». Un an plus tard, de Gaulle est élu président du Gouvernement provisoire. En haut, le conseil des ministres du 2 novembre 1945. Ci-dessus et à droite, les voyages de De Gaulle à Coutances, Colmar et Limoges.

peuples du Danube et des Balkans sont abandonnés
«de facto» à Staline, par les Anglo-Saxons. Mais grâce
à l'obstination de Churchill, inquiet des prétentions
soviétiques, la France gagnera de participer de plein
droit à cette gestion de l'après-guerre, dont le signe
sera son siège permanent au conseil de sécurité de
l'ONU. Aucune des suggestions du Général sur
l'autonomie «des» Allemagnes ou l'avenir d'une
Europe de la paix bâtie autour du Rhin ou du Danube
n'avait été prise en compte par les Alliés, qui ne
voient là qu'archaïsmes. Les
ministres français
s'interrogent parfois sur
cette architecture, mais
suivent finalement le
Général.

«Un Etat juste et fort»

La France de l'été
1944 était exsangue.
Le général de Gaulle
utilise l'atout du
patriotisme : la classe
ouvrière n'était-elle
pas apparue derrière
les barricades «comme
à l'époque de la
Révolution, des journées
de 1830 ou 1848 ou de
la Commune»? Mais
cette fois c'était «contre
l'ennemi» qu'elle avait
fait grève et pris le
maquis.

Pour donner vie à cet
espoir, de Gaulle paie
largement de sa personne
et voyage en province.
Dans l'Ouest atlantique, où
les Allemands s'accrochent
à Royan; à Marseille, puis
dans le Sud-Ouest, qui, libérés

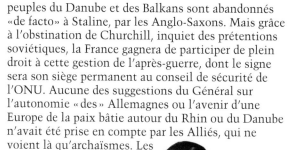

Le retour à une vie politique libre est complètement transformé par le vote des femmes, qui porte le corps électoral de 10 à 25 millions. En même temps, de grands défilés patriotiques sont organisés pour souder le sentiment national et fortifier la conscience de l'Empire, dont les troupes sont très applaudies.
A gauche, une prise d'armes place de la Concorde, le 24 avril 1945, quinze jours avant la victoire.

par les seules forces intérieures, se sont pratiquement érigés en Républiques autonomes, dans le Nord natal, où la population a tant souffert. Il revient plus convaincu que jamais de la nécessité de repenser l'organisation sociale du pays. Sécurité sociale, allocations familiales, nationalisations des sources d'énergie et des grands établissements de crédit, planification économique et comités d'entreprise pour amorcer le nécessaire dialogue entre patrons et syndicats...

Ces bouleversements sociaux ont été pensés par les comités d'Alger et par les mouvements de résistance de France. Sur tous ces projets qui protègent la «dignité humaine», le Général se met facilement «d'accord avec [ses] arrière-pensées», selon la fomule qu'il affectionne. A la charte du CNR, il ne retire rien, mais ajoute le vote des femmes, que les laïcs avaient refusé! Détail qui pèse son poids et annonce le conflit qui séparera de Gaulle de la classe politique : libéral et démocrate, le Général veut confier la garde de la liberté et de la démocratie à l'ensemble du corps électoral. Le moyen? La consultation démocratique directe. En 1945, le Parti radical et le Parti communiste refusent le référendum, comme en 1962 l'ensemble des partis refusera l'élection du chef de l'Etat au suffrage universel, tant les représentants du peuple ont peur de perdre leurs prérogatives. Contre le Général, ils ressortent l'accusation de « bonapartisme ».

« Aucun homme ne peut se substituer à un peuple »

Au mois d'avril 1945 ont lieu les premières élections municipales. C'est pour le Parti communiste l'occasion de tester sa stratégie de front populaire, qui vise à séparer socialistes et démocrates-chrétiens unis dans la Résistance. Au mois d'octobre 1945 ont lieu les trois consultations décisives : deux référendums, l'un pour enterrer la IIIe République (95 % de oui), l'autre pour donner à la nouvelle Assemblée mandat de rédiger une constitution soumise à la ratification populaire (66 % de oui). L'écart entre les deux chiffres s'explique par le refus du PC, qui entame alors sa campagne

Le parti radical était le symbole de la IIIe République, où le Sénat avait le dernier mot. En 1945, contre-coup de son impopularité, il n'a plus que 32 députés sur 536.

contre le «pouvoir personnel». Thorez tente d'éloigner la SFIO de De Gaulle et du MRP. Léon Blum, après avoir comparé l'homme du 18 Juin à Georges Washington, refuse de l'aider à restaurer l'Etat, tout pris qu'il est par la reconstruction du Parti socialiste.

«Quitter les choses avant qu'elles ne me quittent»

Jusqu'au bout le Général veut ménager les socialistes. S'exprimant à la radio, il reconnaît que la diversité fait partie des traditions de la France et, après avoir demandé un double oui aux Français, souhaite qu'ils choisissent des représentants «objectifs et de bonne foi», car il est impossible de «reconstruire dans une atmosphère de hargne, de sommations et de batailles». Langage œcuménique, mieux entendu du corps électoral, qui donne au Général les deux oui demandés, que des parlementaires (en particulier socialistes), fort déçus de se retrouver en troisième position, derrière le PC et le MRP.

Le 13 novembre 1945, c'est l'élection «à l'unanimité», comme chef du Gouvernement provisoire, du Général, le libérateur qui a «bien mérité de la Patrie». Mais le lendemain du scrutin, les partis ressuscités font sentir leur poids. Le parti

Le MLN voulait être le parti travailliste issu de la résistance. Mais lâché par le PC, la SFIO, le MRP, il deviendra la minuscule UDSR.

Le succès du MRP (Mouvement républicain populaire), parti de la Démocratie chrétienne qui n'avait jamais réussi à percer en France, est la surprise des scrutins de la Libération. Encadré par des résistants venus de l'Action catholique (Georges Bidault, Maurice Schumann, P. H. Teitgen et F. de Menthon), il obtient 24,9 % des voix, se situant entre le PC qui est le gagnant, et la SFIO (Section française de l'Internationale ouvrière). Ce succès est dû au ralliement de la droite catholique compromise avec Vichy, au poids du vote féminin, encore docile aux conseils du clergé, et à la «fidélité» au Général dont le MRP se pare. Malheureusement pour de Gaulle, le «parti de la fidélité» préférera l'alliance avec les socialistes au soutien de ses propositions constitutionnelles. Le «V» de la victoire (en bas, à gauche). Les vainqueurs de la guerre inspirent un jeu à la mode.

communiste veut des ministres aux postes clefs de la diplomatie, de la défense, de la police; de Gaulle refuse, au prix d'une crise pénible. Le relais est pris par le MRP qui, lui, exclut le chef du gouvernement de la discussion sur le problème des institutions. Motif : il n'est pas un «élu du peuple», donc la «séparation des pouvoirs» l'interdit! Enfin, tout au long du mois de décembre, la SFIO traîne les pieds pour voter les crédits de la Défense nationale que le Général juge indispensables aux responsabilités internationales de la France.

1946
*les mineurs achèveront
la victoire du charbon...*

*...et le peuple gagnera
la bataille de la
Renaissance française*

L'année 1946 verra le retour du «régime des partis» dénoncé par de Gaulle. Tandis que le Parti communiste veut incarner l'avenir en animant la bataille de la reconstruction, E. Herriot, ci-dessous, est l'image du passé d'une République laïque et parlementaire, sénatoriale et coloniale.

«Tirer de la boue ce qui ne doit pas y être»

Le coup de grâce est donné par Edouard Herriot. En janvier 1946, il interpelle le Général au sujet des Légions d'honneur accordées par Vichy aux Français morts lors du débarquement allié en Afrique du Nord : comment se peut-il que cette décoration n'ait pas été annulée et que leurs cercueils aient été accueillis aux Invalides ?

Pour le Général, la bassesse avait passé les bornes : il décide de se retirer. Il assiste au mariage de sa fille Elisabeth avec le commandant de Boissieu, Français Libre évadé par la Russie, et, après un court séjour à Antibes, il convoque le conseil des ministres pour annoncer sa démission. «Ce départ ne manque pas de grandeur», reconnaît Maurice Thorez, qui, amnistié en 1944, avait fort apprécié de devenir son ministre en novembre 1945.

En attendant que la maison de Colombey-les-Deux-Eglises soit

Le 3 janvier 1946, le Général est à Notre-Dame-de-Sion pour le mariage de sa fille Elisabeth avec le commandant Alain de Boissieu. Puis il ira à Antibes pour se donner du champ avant de publier sa décision.

réparée, le Général gagne Marly, où il s'enferme dans un silence de cinq mois.

« Observer des règles de vie nationale qui tendent à nous rassembler »

Il rompt son silence à Bayeux, le 16 juin 1946, dans un appel à la fondation constitutionnelle de l'Etat républicain. Après le cycle militaire de la guerre et de Libération, il entame là, dans la ville même où il a incarné « le retour de l'Etat légitime sur le sol des ancêtres », le second cycle de sa vie publique. Aux Français instruits par l'expérience,

La Boisserie : dans le jardin, sous le grand sapin à gauche, se tient Charles de Gaulle. La tour abrite le bureau du Général. «C'est ma demeure. [...] Le silence emplit ma maison... A mesure que l'âge m'envahit, la nature me devient plus proche.»

il souhaite enseigner que, pour «compenser l'effervescence démocratique» de la liberté, il faut doter l'Etat républicain d'institutions solides. Le Général peut croire que le moment est bien choisi.

En effet, le 5 mai, les Français et les Françaises ont rejeté le texte constitutionnel présenté par les socialo-communistes. En conséquence, une seconde Assemblée constituante a été élue le 2 juin. Quoi de plus normal que de donner son opinion, maintenant qu'il est redevenu simple citoyen? D'autant que certains socialistes, tel Vincent Auriol, n'ont guère apprécié l'abdication de leur parti devant les communistes sur les questions de la seconde chambre ou des prérogatives politiques du président de la République. Pour de Gaulle, l'essentiel est de respecter la séparation des pouvoirs grâce à l'existence d'un chef de l'Etat d'où «procéderait» un gouvernement responsable de son action devant

«Les partis reparaissaient, autant vaut dire avec les mêmes noms, les mêmes illusions, les mêmes clientèles que naguère. Tout en affichant vis-à-vis de ma personne la considération que réquérait l'opinion, ils prodiguaient les critiques à l'égard de ma politique... et réclamaient à grands cris le retour de ce qu'ils appelaient la normale». De Gaulle ira donc à Bayeux donner les orientations constitutionnelles qu'il faut à la France.

l'assemblée élue par le suffrage
universel. Cet appel à la
réforme de l'Etat n'est pas
entendu par les parlementaires
constituants. Exactement
comme la modernisation de
l'outil militaire avait été
refusée par le monde militaire
de l'entre-deux-guerres. Pour
Charles de Gaulle s'ouvrent
alors douze années de
mélancolie et d'amertume.

«Le théâtre d'ombres»

Exclu du débat constitutionnel de cette IVe République
qu'il avait appelée de ses vœux à Alger le 14 Juillet
1943, le Général, interdit de radio, assiste, muet,
à l'installation du nouveau régime, qui naît le

Maurice Thorez,
secrétaire général
du Parti communiste,
harangue la foule, place
de la Concorde.

13 octobre 1946 dans l'indifférence d'une immense abstention.

Vincent Auriol est élu président de la République et choisit son vieil ami Paul Ramadier pour être président du Conseil. C'est le triomphe des caciques de la IIIe République, l'échec de la rénovation annoncée à Alger le 18 juin 1944.

« Rassembler les Français sur la France »

Croyant à l'imminence d'une troisième guerre mondiale, de Gaulle lance en avril 1947 à Strasbourg un appel au Rassemblement du peuple français, qu'il conçoit comme une nouvelle France Libre. « Dans le cadre des lois », il annonce une campagne pour la révision des institutions, que le MRP refuse tout de suite... Après l'échec de la conférence de Moscou, qui marque le début de la guerre froide, le Général dénonce en août, à Rennes, le péril séparatiste, venu d'hommes qui « ont fait vœu d'obéissance à une puissance étrangère » alors que leur « avait été ouverte la porte du service national ».

Ce langage de réforme de l'Etat et d'opposition aux communistes fait le succès du Rassemblement du peuple français aux

Le PC est chassé du pouvoir en mai 1947 : devant ses grèves insurrectionnelles, le problème social s'impose comme la première urgence. En 1948, de Gaulle va à Marseille (ci-dessus) proposer «l'association capital-travail». Ci-dessous, un tract du RPF.

L a IVᵉ République s'était fait accepter en se disant «perfectible». Pourtant, quand, dans le cadre des lois, de Gaulle lancera un appel au Rassemblement du peuple français pour mettre en œuvre la réforme de l'Etat, il sera dénoncé comme factieux. Ci-contre, la file d'attente pour adhérer au RPF qui, dès la première semaine recueillera 40 000 inscriptions.

ADHÉREZ

élections municipales de l'automne. Le Général demande alors une dissolution assortie d'une réforme électorale majoritaire. Les partisans du système crient au scandale; et tout le langage de la défense de la république est alors mobilisé par cette « troisième force » qui fabriquera, en 1951, une loi électorale défavorisant le PC et le RPF, tous deux opposés à la IVe République, et mis sur le même

pied! C'est l'échec et, à nouveau, pour le Général, le temps de la retraite.

La traversée du désert

1953 : Staline meurt. La guerre froide faiblit. Le Général décide de rendre leur liberté aux élus de son mouvement. Il ne parlera plus que pour combattre le projet d'armée européenne : la France était menacée de perdre son indépendance militaire face aux pays dotés de l'arme nucléaire. Le traité repoussé grâce à Pierre Mendès France et le réarmement allemand voté dans des conditions convenables, de Gaulle retourne à son silence. Le 30 juin 1955, il convoque la presse pour faire ses adieux : « Sans que l'on puisse prévoir quels événements provoqueront le changement de régime, on peut croire que la secousse viendra », prophétise-t-il.

Le Général vit à Colombey, dans cette propriété achetée avant guerre pour installer au calme la petite Anne. Ouvert sur la plaine gauloise, son bureau, en

Le gouvernement de Pierre Mendès-France a, pendant quelques mois en 1954, incarné l'espoir d'une IVe République efficace. Député depuis 1932, sous-secrétaire d'Etat dans le deuxième gouvernement Blum, Mendès avait été emprisonné par Vichy. Evadé, il rallie la France Libre, où il combat dans l'aviation jusqu'à ce que de Gaulle l'appelle à Alger. Démissionnaire en 1945, il se consacre aux affaires économiques en condamnant la guerre d'Indochine, qui obère le redressement de la France.

forme d'hexagone, « comme la France », devient le refuge de sa méditation, le cabinet d'écriture des *Mémoires de guerre*, ce monument de la littérature dédié aux combattants de la France Libre.

L'indécision de l'Etat

La IVᵉ République perd sa dernière chance avec la chute de Pierre Mendès France. La guerre d'Indochine durait depuis sept ans quand Diên-Biên-Phû tombe, le 7 mai 1954. Deux jours plus tard, de Gaulle, seul sur la tombe du soldat inconnu, à l'Etoile, incarne le malheur de la patrie. Hasard : Mendès

❝ Mais que d'heures s'écoulent où lisant, écrivant, rêvant, aucune illusion n'adoucit mon amère sérénité [...] Pourtant dans le petit parc [...] les arbres que le froid dépouille manquent rarement de reverdir et les fleurs plantées par ma femme renaissent après s'être fanées [...] Alors je me sens traversé par un réconfort secret. Puisque tout recommence toujours, ce que j'ai fait sera, tôt ou tard, une source d'ardeurs nouvelles après que j'ai disparu. ❞

Mémoires de guerre

France, qui a promis de faire la paix en quatre semaines, est investi le 18 juin. Son premier geste est d'envoyer un message à de Gaulle, dont il a été le ministre en 1944. Est-ce le sursaut ?

Il ne gouvernera que sept mois et sept jours. La déception engendrée est à la mesure de l'espoir qu'il avait suscité en réussissant à boucler les dossiers d'Indochine, d'Europe ou de Tunisie. Cet échec dû aux premiers troubles en Algérie est suivi, de 1955 à 1958, de ceux de quatre autres gouvernements : aucun ne réussira à amorcer une solution.

«J'étais alors complètement retiré»

Ainsi se peint le Général dans ses *Mémoires d'espoir*. Pour rompre la solitude de Colombey, il avait fait en 1953, 1956 et 1957, de grands voyages en Union française, utilisant l'avion offert par le président américain Truman en 1945. Là, il prend conscience de son prestige, intact auprès de populations qui n'hésitent pas à marcher plusieurs jours pour le voir, mais aussi de l'évolution de ces terres à l'heure de la décolonisation. Il est temps de «transformer les anciennes relations de dépendance en liens préférentiels de coopération».

Sous l'apparence du détachement, il est resté à l'affût. D'autant plus qu'en janvier 1956 le président René Coty, à la suite d'un accord avec Pierre Mendès France, lui a fait porter un message : il considère qu'en cas d'aggravation de la situation en Algérie, l'homme du 18 Juin serait le recours. Or les choses vont de mal en pis.

En Algérie, le Front de Libération Nationale fortifie son emprise sur les populations tandis qu'à l'intérieur de l'armée, après l'expédition de Suez qui a frustré l'armée de sa victoire, l'insubordination grandit.

De 1953 à 1957, de Gaulle fera, dans l'avion que lui avait donné Truman, de grands voyages autour du monde. Il fait cela autant pour tromper son ennui que pour tester sa capacité à mobiliser les «âmes» dans cette Union française où sont à l'œuvre tant de «transformations».

En 1956, il est à Tahiti, où il commente le passé : «Il y a des années que je souhaitais de tout mon cœur me trouver ici... Tahiti, quand la France roulait à l'abîme, n'a pas cessé de croire en elle. Vous étiez dans cet océan, aux antipodes de moi-même, naufragé du désastre sur les rivages de l'Angleterre, et nous avons voulu et pensé la même chose, que la France ne devait pas être serve, humiliée, honteuse, mais qu'il fallait lutter pour sa libération. Et le magnifique bataillon du Pacifique est allé en porter témoignage. Il fut à El-Alamein, il fut à Bir-Hakeim, il fut en Tunisie, il fut en Italie, il fut sur le Rhin, il fut sur le Danube.»

Les jeunes colonels férus d'action psychologique pensent qu'en changeant le gouvernement à Paris, ils pourront gagner la bataille de l'intégration en Algérie.

Officiellement, de Gaulle est silencieux ou dément tous les propos qu'on lui prête. Le seul communiqué qu'il publie est celui qui mentionne la visite de l'ambassadeur de Tunisie à Colombey. C'était au lendemain de l'expédition de Sakhiet, où l'armée avait exercé son «droit» de suite. Ainsi, en février 1958, de Gaulle fait-il sa rentrée politique par la petite porte, pour dire qu'il ne faut pas compromettre l'avenir des relations d'association entre la France et la Tunisie, ce qui est un avertissement lancé aux jusqu'au-boutistes.

«L'infirmité du système devait aboutir à une grave crise nationale»

La crise attendue éclate le 13 mai 1958. La France est sans gouvernement depuis un mois et il y a une semaine que le président Coty a de nouveau interrogé de Gaulle sur ses intentions.

Pour protester contre l'exécution de trois prisonniers français par le FLN, la foule d'Alger envahit le siège

du gouvernement général et saccage les bureaux. Le général Massu, avec l'accord de son supérieur le général Salan, se proclame chef d'un «comité de salut public». Un télégramme est aussitôt envoyé à Paris pour demander un gouvernement capable de garder «l'Algérie, partie intégrante» de la France : c'est comme un électrochoc qui secoue l'Assemblée nationale. Grâce à l'abstention des communistes, Pierre Pflimlin est investi dans la nuit, mais il est aussitôt récusé par l'armée, qui interdit le territoire de l'Algérie à ses ministres ! Décidée à aller de l'avant, l'armée occupe le terrain, crie avec Salan «Vive de Gaulle ! » dans la matinée du 15 mai, et se met à penser à un débarquement en métropole : ce sera l'opération «Résurrection»

«De Colombey, je réponds et chacun comprend que les faits vont s'accomplir»

La tactique du Général est de reprendre les choses là où il les a laissées douze ans auparavant. Sans dire un mot sur l'Algérie qui déchire les Français, il rappelle que, depuis toutes ces années, le «régime des partis»

La «secousse» si souvent annoncée par de Gaulle vient d'Algérie où, le 13 mai 1958, le général Massu (en bas) demande un gouvernement de salut public capable de garder l'Algérie française. Des scènes de fraternisation sont même organisées pour montrer que l'intégration est en marche. Le gouvernement investi par l'Assemblée est récusé par l'armée tant qu'il ne sera pas présidé par de Gaulle, auquel le général Salan, commandant en chef, lance un appel le 15 mai.

est aux prises avec des difficultés trop lourdes pour lui et qu'il est prêt à «assumer les pouvoirs de la République». A ce communiqué, Alger s'enflamme; à Paris la consternation s'installe parmi les parlementaires, même ceux qui, comme Mendès France, étaient jusque-là favorables à l'idée d'un retour du Général.

Guy Mollet, l'opposant de 1944, le chef malheureux de 1956, rompt le cercle de la méfiance en interrogeant publiquement de Gaulle le 16 mai, depuis son banc du gouvernement. Il le supplie de faire la différence entre 1940 et 1958, puisque cette fois le gouvernement Pflimlin est légitime. En guise de réponse, le Général tient le 19 mai une conférence de presse : il ne peut désavouer des militaires qui ont la confiance des pouvoirs publics et, quant à lui, « ce n'est pas à soixante-sept ans [qu'il va] commencer une carrière de dictateur ». Et de Gaulle s'en retourne dans son village dont il ne sortira que le 26, après un double appel de Salan – qui redoute les initiatives des parachutistes qui ont déjà «libéré» la Corse – et de Guy Mollet qui, lui, craint les «bolcheviks».

Secrètement convoqué à Saint-Cloud, Pflimlin est invité à démissionner, si bien que le 27, l'AFP diffuse un deuxième communiqué : «J'ai entamé le processus régulier nécessaire à l'établissement d'un gouvernement républicain» qui se termine par un ordre aux militaires à rester dans la discipline.

Communiqué miracle : Pflimlin, ulcéré mais résigné, démissionne; les partis politiques défilent de Nation à République pour dire que «le fascisme ne passera pas», ce qui est bien l'avis du Général; et le président Coty envoie un message au Parlement : il appelle « le plus illustre des Français » en consultation.

«Tout est décidé. Restent les formalités. Je vais les accomplir»:

La crise de mai 1958 est une crise de la symbolique républicaine puisque, contre la tradition, il faudra s'en remettre à un général pour que le dernier mot reste au pouvoir civil. Au cœur de ce conflit : Guy Mollet (en haut, à gauche) le secrétaire général de la SFIO qui, en 1946, avait conquis le pouvoir en critiquant le gaullisme de la SFIO. Si Guy Mollet se rallie, cette fois, au Général, le PC animera au contraire la campagne des «non» et y perdra le quart de ses électeurs.

le 1er juin, de Gaulle fait sa rentrée à l'Assemblée, où l'atmosphère de recueillement diffère fort de la hargne de 1946. Il est investi suivant la procédure régulière et, deux jours plus tard, reçoit mandat de réviser la Constitution, sous réserve du respect des principes généraux de la République et de la ratification par référendum.

Reste l'Algérie.

« Je vous ai compris »

Ces mots du Général claquent et la foule d'Alger répond dans un râle de joie. Debout sur le fameux balcon blanc, les bras dressés en un V qui est aussi bien celui de la victoire que de la Ve République, de Gaulle se fait applaudir. Algériens, français et musulmans confondus, écoutent à peine la suite où toute sa politique est en germe : fraternité des âmes, suffrage universel pour les hommes comme pour les femmes et surtout collège unique, ce qui signifie soumission démocratique à la loi majoritaire.

Après trois semaines de troubles, chacun respire cet air de fête retrouvé. Si de Gaulle n'empêche pas de multiples incidents politiques (ministres cachés dans un placard, micros coupés ou délégations exigeant cette intégration qu'il refuse), au moins obtient-il que l'armée reste au-delà de la Méditerranée. Il va à Oran et à Mostaganem – où il lâche un « Vive l'Algérie française » qui lui sera par la suite fort reproché – puis s'en retourne à Paris, où l'attend le travail constitutionnel.

ORANAIS ! PAVOISEZ !
ORAN DOIT ÊTRE VENDREDI UNE VILLE TRICOLORE !

L'C[...]
LE PLUS FORT [...]
L'ÉCHO DE L'[...]

DEVANT PLUS DE 500[...]
ET CRIANT LEUR FOI[...]
DE GAULLE : «

L'ECHO DU CHELIF

LGÉROIS MASSÉS SUR LE FORUM
E DESTIN DE L'ALGÉRIE FRANÇAISE

VOUS AI COMPRIS ! »

Cause de la crise, l'Algérie était restée à l'écart des négociations d'état-major qui avaient abouti à l'investiture du Général comme dernier président du Conseil de la IVe République pour empêcher le débarquement des parachutistes. Le 4 juin, de Gaulle est donc à Alger où le célèbre «Je vous ai compris» sert d'introduction à une politique de «rénovation et de fraternité» : «A partir d'aujourd'hui, la France considère que dans toute l'Algérie il n'y a qu'une seule catégorie d'habitants : des Français à part entière avec les mêmes droits et les mêmes devoirs. Cela signifie qu'il faut ouvrir des voies qui, jusqu'à présent, étaient fermées... qu'il faut donner les moyens de vivre à ceux qui ne les avaient pas...qu'il faut donner une patrie à ceux qui pouvaient douter d'en avoir une.»
Discours et messages

«Ayant taillé, il me faut coudre»

Michel Debré, garde des Sceaux, est chargé de traduire en termes juridiques les intentions constitutionnelles du Général : pour que l'Etat ait une tête, il faut un président fort de la confiance nationale qui, entouré d'un gouvernement responsable et prêt à défendre les lois au Parlement comme à diriger les fonctionnaires, peut, en cas de crise, soit consulter le peuple, soit agir au nom du salut public.

Le travail est mené tambour battant. Au mois de juillet 1958, le projet est soumis à l'avis d'un Comité

consultatif présidé par Paul Reynaud car le Général n'a pas oublié que Reynaud avait patronné ses débuts politiques sous la IIIᵉ République. Au mois d'août, il est présenté au Conseil d'Etat, que préside René Cassin, autre vieille connaissance. La presse s'intéresse aux débats; elle s'inquiète de l'article sur les circonstances exceptionnelles que le Général impose en souvenir de 1940, et s'émeut de ce détail qu'est l'interdiction faite aux ministres de continuer à siéger au Parlement. En revanche, personne, ou à peu près, ne parle du Conseil constitutionnel, qui est la grande nouveauté de la Constitution.

«La République nouvelle»

Le Général aime les dates symboliques. Pour que sa République s'inscrive dans la continuité républicaine de la France, il choisit de la présenter au peuple de Paris le 4 septembre, en souvenir du Gambetta de 1870. Et, sur la place de la République, André Malraux, ministre de l'Information, redevient le grand ordonnateur de la fête. Comme au temps du

André Malraux, sous la IVᵉ et la Vᵉ République, sera l'orateur de tous les meetings gaullistes.

Le général de Gaulle déroule pour les Français le fil d'or de l'espérance républicaine. «C'est en un temps où il fallait se réformer ou se briser que notre peuple recourut pour la première fois à la République. Au milieu de la tourmente nationale et de la guerre étrangère, apparut la République. Elle était la souveraineté du peuple, l'appel de la liberté, l'espérance de la justice. Elle devait rester cela à travers les péripéties de son histoire. Aujourd'hui, plus que jamais, nous voulons qu'elle le demeure», déclare-t-il dans un discours du 4 septembre 1958, place de la République.

RPF, il chauffe l'auditoire et finalement laisse la place au Général, venu raconter aux Français l'histoire et les tumultes de leurs trois Républiques, avant que la Ve ne revienne pour les récapituler : «Le déchirement a été évité de justesse.» De sorte qu'a pu être sauvegardée «la chance ultime de la République».

Les Français sont sensibles à ce langage national, et le disent par leur bulletin de vote. En Afrique, c'est la première fois. Hommes et femmes de France et d'outre-mer se retrouvent pour voter, le 28 septembre 1958. Il y a 85 % de votants, et, dans ce vote de fondation constitutionnelle, 80 % de oui. En Algérie, en Afrique noire et à Madagascar, dans les Antilles comme dans le Pacifique, toutes les terres d'outre-mer, sauf la Guinée, disent oui à la communauté des peuples libres proposée par de Gaulle.

« En 1945 c'est par référendum que j'ai fait légitimer l'action menée pendant la guerre et adopter ce qui était nécessaire pour rétablir la démocratie et empêcher l'avènement menaçant du régime totalitaire. Par la suite c'est par référendum que j'ai obtenu de la nation la Constitution de 1958, grâce à laquelle nous avons réellement un Etat avec une tête et un gouvernement. C'est par référendum que le pays a reconnu aux Algériens le droit à l'autodétermination, accordé l'indépendance à l'Algérie. [...] C'est par référendum qu'il décida d'élire le président de la République au suffrage universel. »

CHAPITRE IV
LE STRATÈGE DE LA LÉGITIMITÉ

La photo officielle du président. A droite, sa célèbre DS noire.

«La politique et l'économie sont liées comme l'action et la vie»

En décembre 1958, après le retrait du président Coty, le général de Gaulle est élu président de la République. Il se transporte à l'Elysée, cette «maison de rencontre» comme il l'appelle, car ce palais composite lui paraît mal convenir à la majesté de l'Etat. Michel Debré devient son Premier ministre. Au centre de l'Etat, de Gaulle s'applique à donner une impulsion, qui se traduit par l'expansion des *golden sixties*, conséquence de la récente réforme financière : le franc lourd, symbolisé par la Semeuse qui veut rappeler le franc Poincaré, est établi.

Avec cette monnaie convertible en or, la France est capable d'affronter l'ouverture de ses frontières sans sacrifier les investissements publics. On construit des écoles pour les enfants du *baby boom*, des hôpitaux, des laboratoires, des stades. A Bruxelles, Maurice Couve de Murville réussit à introduire l'agriculture dans le Marché commun au même titre que l'industrie. Transistors et télévision, contraception et campus universitaires, dissuasion et indépendance nationale : ces années de transition entre l'après-guerre et la modernité font de Paris le centre d'un monde nouveau.

" Je donnerai à la France un franc modèle dont la parité ne changera pas aussi longtemps que je serai là. "

Mémoires d'espoir,
1971

«La liberté se gagne. Mais aussi elle se défend. Comment le faire si nous sommes isolés? Restons les uns avec les autres»

L'Etat, jadis menacé de guerre civile, est rétabli. L'économie, qui courait à la banqueroute, assainie. De Gaulle alors se tourne vers l'outre-mer. Stratège plus que légiste, il veut utiliser la «fraternité des âmes» dont il a été témoin pour faire évoluer le droit en gardant l'essentiel : une capacité d'action commune en faveur de la liberté pour ces terres jadis rassemblées sous le drapeau de la France combattante. Quatorze ans plus tard, il reprend la politique de Brazzaville.

En assumant ses risques. 1960 est pour l'Afrique noire l'année des indépendances négociées qui font entrer aux Nations unies douze Etats francophones.

De Gaulle voudra encourager toutes les activités dites «de pointe» (pétrole, gaz naturel, nucléaire, aéronautique) et fera «ostensiblement» des visites à leurs établissements. A gauche, de Gaulle à Toulouse, qui deviendra une des principales technopoles grâce aux laboratoires du CNRS (en haut, page de gauche); ci-dessus : voyage à Lacq, en compagnie de J.-M. Jeanneney, ministre de l'Industrie.

L'Algérie, elle, doit attendre 1962 pour atteindre l'indépendance, par une voie aussi chaotique que sanglante.

«La paix des braves» pour «faire le reste» avec les élus

Dès son premier voyage en Algérie, de Gaulle parle le langage de la réconciliation : les combats «courageux mais cruels et fratricides» doivent cesser, dès lors que la voie démocratique des urnes est ouverte et garantie par sa parole. Le FLN – que de Gaulle appelle «l'organisation extérieure de la rébellion» quand, lui, s'érige en «gouvernement provisoire de la République algérienne» – refuse ces ouvertures.

Comme il refuse, l'année suivante, l'autodétermination solennellement proposée à la télévision le 16 septembre 1959. Elle ouvrait pourtant trois possibilités : la francisation, la sécession et le «gouvernement des Algériens appuyés de l'aide de la France», c'est-à-dire l'association et la coopération qui auraient

frayé la voie à une indépendance douce. Le FLN, organisation révolutionnaire unie par la lutte plus que par la discussion, opte pour le combat dans les djebels et à l'ONU. Ou même en France, où il menace de porter le terrorisme, ce qui fera de 300 000 travailleurs algériens des otages écartelés entre les différents agents musulmans et une police française bientôt menacée par la subversion de l'Organisation de l'armée secrète.

Une «poire d'angoisse»

Le drame politique éclate à Alger, en janvier 1960, avec la Semaine des barricades, menée par les étudiants. Ils prennent prétexte du limogeage du général Massu pour exiger du général de Gaulle qu'il renonce à sa politique d'autodétermination, déjà approuvée par le Parlement. Pour la première fois,

Conquise par la monarchie de 1830, départementalisée par les républiques, l'Algérie n'a jamais connu de vraie politique indigène, et le statut de 1947 sera mort-né du fait du truquage des élections. De Gaulle voudra «transformer» la politique de l'Algérie française, qui avait fait faillite, en politique de «la France en Algérie».

L'année 1960 est celle du tournant vers la violence. Elle s'ouvre par la Semaine des barricades, qui est la révolte des Européens contre Paris, et se clôt par les émeutes de décembre,où, à l'appel du FLN, les foules musulmanes descendent dans la rue demander la paix de l'indépendance. Entre les communautés, le dialogue devenait impossible. De Gaulle en tire la conclusion en proposant un référendum sur l'autodétermination qui lui permit d'entamer les négociations politiques qu'il avait jusque-là refusées.

Images d'une guerre subversive qui veut faire basculer l'opinion. A gauche, une mise en scène de 1957 où le FLN veut montrer pour l'ONU que, malgré le terrorisme, il a sur le terrain des hommes disciplinés en uniforme. A droite, la réalité : en décembre 1960, à l'appel du FLN, la foule musulmane descend à Alger crier des slogans favorables à l'intégrité territoriale. Les blindés de la gendarmerie ne bougeront pas. En avril 1961, le rapide échec des généraux putschistes sera dû au refus de Challe (à droite) d'en appeler aux civils.

France-soir
LE SEUL QUOTIDIEN FRANÇAIS VENDANT PLUS D'UN MILLION

Mercredi 12 Avril 1961

DE GAULLE : « Je suis persuadé que l'Algérie sera un Etat souverain »

le pouvoir résiste et le sang français coule rue d'Isly. Dès lors, la rupture entre la communauté européenne et le gouvernement est consommée.

Un an plus tard, fort du soutien des Français exprimé par référendum, le gouvernement veut entamer des négociations politiques avec le GPRA. Eclate alors le putsch d'avril 1961, où « un quarteron de généraux en retraite » se révolte contre le pouvoir de Paris.

En janvier 1960 et en avril 1961, le Général se saisit de la télévision, comme jadis du micro de Londres et, en grand uniforme, dénonce le « mauvais coup fait à la France », le pouvoir insurrectionnel « établi par un pronunciamento militaire ». Il appelle à l'aide son « cher et vieux pays » et ordonne que « tous les moyens soient pris pour barrer la route à ces hommes-là ». Et le pays répond dans les urnes où trois référendums approuveront la politique du Général. Il répond aussi avec ses pieds. A l'appel de Michel Debré et d'André Malraux, les Parisiens se retrouvent dans la nuit du 22 au 23 avril autour des aérodromes ou du ministère de l'Intérieur : on craint un débarquement aéroporté des insurgés. Le pays répond même en Algérie en obéissant finalement aux ordres des transistors, qui transmettent la voix du Général demandant de rester fidèle au « gouvernement régulier ». Ce que fera le contingent des appelés, qui s'opposera parfois avec courage à la hiérarchie des colonels.

Pour empêcher l'ouverture des négociations, quatre généraux à la retraite, (Challe, Salan, Jouhaud et Zeller) appellent à la révolte : c'est le putsch d'avril 1961 qui échoue après quatre jours. Challe et Zeller se rendent tandis que Jouhaud, né en Algérie, et Salan, ancien commandant en chef, entrent en clandestinité pour diriger les folies meurtrières de l'OAS Policiers et CRS perquisitionnent à Alger, pour tenter de retrouver les armes volées durant l'insurrection.

L'échec du putsch transforme la subversion. «L'action psychologique» devient militaire. L'Organisation de l'armée secrète prend la figure caricaturale de la Résistance, dont, empruntant les hommes et les mots, elle pervertit l'esprit. Plasticages, assassinats et politique de la terre brûlée sont ses armes favorites. Les Européens d'Algérie, terrorisés à leur tour, accordent peu de crédit aux accords d'Evian, et préfèrent quitter en bloc le pays de leurs ancêtres et venir en France, que beaucoup découvrent pour la première fois, dans des conditions douloureuses. Ce sont les «rapatriés», qui, grâce à leur dynamisme, s'intégreront pour l'essentiel dans l'expansion générale.

«Qu'adviendrait-il si de Gaulle disparaissait?»

L'OAS ne veut pas s'avouer vaincue. Le 22 août 1962, alors que le Général et sa femme roulent vers Colombey, ils sont victimes d'un attentat au Petit-Clamart, tout près de l'aérodrome où un hélicoptère les attend. Madame de Gaulle baissait la tête pour ramasser ses gants et, à l'avant, le général de Boissieu a le temps de hurler à son beau-père de s'incliner. Les pneus crevés, le pare-brise en éclats, la DS noire continue à rouler jusqu'à l'aérodrome. Le couple descend de voiture. S'étant assuré de la santé de tout le monde, le Général passe en revue le détachement qui l'attend et commente : «Ils ne savent pas tirer.»

« Parfaire l'édifice avant la fin de mon septennat »

Son génie politique sera de trouver dans l'émotion qui saisit le pays une occasion de réformer la Constitution sur un point capital. L'événement prouve que le problème de sa succession peut surgir tout à coup. Afin que son successeur ait l'autorité qu'il doit, lui, à son «équation personnelle», il faut que celui-ci soit élu au suffrage universel, procédure fort appréciée des Français, mais toujours redoutée des parlementaires. Exactement comme en 1946, les partis se déchaînent contre le risque de bonapartisme. Cette fois les Français restent sourds à ce langage. Non seulement ils donnent 66 % de oui à cette réforme de la démocratie, mais, aux élections qui suivent, l'Union de la nouvelle république, qui soutient le Général, gagne la majorité quasi-absolue.

En quatre ans, de Gaulle a bouleversé l'échiquier politique de la tradition républicaine et amené l'ensemble des Français à le suivre. De 1958 à 1962,

" SI LA MAJORITÉ
des « OUI » est faible, médiocre aléatoire, ma tâche sera terminée aussitôt et sans retour "

ils ont tous, une fois ou une autre, donné leur oui au Général qui, avec ce référendum sur l'élection présidentielle, réussit la deuxième fondation constitutionnelle de la Ve République. A la Libération, de Gaulle avait réussi à «noyer le communisme dans la démocratie»; cette fois la guerre civile, conjurée, lui permet d'achever son œuvre de législateur républicain et d'affirmer sur la scène internationale la présence d'une «France aux mains libres».

« Au centre du continent, il y a l'Allemagne. C'est son destin »

Depuis les traités européens des années cinquante, la France et la République fédérale, «morceau d'une

Après les référendums sur la Constitution, l'autodétermination et les accords d'Evian, celui d'octobre 1962 sur l'élection directe du chef de l'Etat est le quatrième depuis 1958.

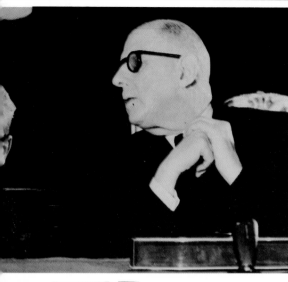

Le général de Gaulle aura voulu «rassembler les Français et la France» aussi bien que procéder à la «réconciliation des peuples européens»; pour cela, il proposa de nouvelles institutions : le référendum en 1945, l'élection du président de la République au suffrage universel en 1962, et le traité franco-allemand signé en 1963 avec le chancelier Adenauer (à gauche).

Allemagne coupée en trois », étaient liées pour un avenir économique de libre concurrence. C'était un commencement. De Gaulle veut faire mieux. En offrant, lui, le vieux combattant, une réconciliation capable de déboucher sur une coopération politique. Il espère que l'Allemagne profitera de la force nucléaire française pour s'affranchir de la tutelle américaine en pratiquant «l'Europe européenne». De l'autre côté du Rhin, la démocratie de Bonn est depuis 1949 gouvernée par le chancelier Adenauer, vieux démocrate-chrétien jadis

Violemment critiquées par l'opposition sur le moment, ces institutions prouveront leur valeur après le départ du Général quand elles seront pratiquées par ses successeurs.

emprisonné par les nazis. De Gaulle l'invite à Colombey et, entre les deux hommes, c'est le choc de la confiance. Le chancelier interroge : «Quelle direction comptez-vous donner à la politique de la France ?»; et le Général de répondre que, sans oublier «ces terribles épreuves déchaînées contre la France en 1870, 1914 et 1939», il estime qu'il faut tenter de renverser «le cours de l'histoire; de réconcilier les deux pays et d'associer leurs efforts et leurs capacités». A partir de là, de Gaulle voudra que l'avenir de l'Europe passe par les Etats et les peuples. Ainsi pourrait-on faire progresser la «nécessaire détente» évoquée d'abord auprès des Alliés.

Le personnage du Général, sa taille, son nez, son style, politique ou diplomatique, inspirent les humoristes : au premier rang, le *Canard enchaîné*, où A. Ribaud pastiche Saint-Simon, ou la presse anglo-saxonne mécontente du non à l'Angleterre de janvier 1963 (page de droite).

«Je m'incline devant les souvenirs»

En juin 1959, il se rend en Italie, cette «cousine latine», devant qui il reconnaît une dette vingt fois séculaire et dont il se sent proche alors qu'elle préfère les liens atlantiques. L'année suivante, il est aux Etats-Unis et en Grande-Bretagne : il y exprime les remerciements de son pays pour l'aide du temps de guerre, et l'espoir d'une politique de solidarité occidentale face à un pouvoir communiste qui, fort du succès de son spoutnik, annonce sa victoire sur les démocraties occidentales. Enfin, en septembre 1962, une semaine après l'attentat du Petit-Clamart, il est à Bonn, Düsseldorf et Cologne, où ses discours en allemand sont follement applaudis. Exactement comme l'image du chancelier Adenauer et du Général côte à côte dans la cathédrale de Reims : l'ennemi héréditaire est devenu l'«ami déterminé».

«L'Europe européenne»?

A son habitude, de Gaulle voudrait transformer cette pratique de l'amitié en bel et bon traité. Il propose d'organiser une coopération politique des Six européens du Marché commun. Il croit réussir avec le plan Fouchet mais les Hollandais refusent sous prétexte que les Anglais sont absents. De Gaulle se contente alors d'un traité bilatéral avec l'Allemagne, traité que les Etats-Unis s'arrangeront pour réduire à néant, du moins aussi longtemps que de Gaulle sera au pouvoir. Irrités des succès de l'Europe des Six, les Anglais, qui ont d'abord essayé de la saboter, veulent finalement en forcer la porte. De Gaulle la garde close : l'Angleterre est une île qui a toujours préféré le grand large et la solidarité avec l'Amérique. Pour entrer en Europe, il lui faut donc attendre et se transformer en rompant ces liens préférentiels avec l'Empire, ce qui lui permettra, par la suite, de se tourner vers le continent, où sa place l'attend.

   Cette indépendance de langage n'est pas du goût des Etats-Unis, de plus en plus mécontents de voir leur suprématie contestée, leur monopole nucléaire entamé. En effet, avec patience et ténacité, la France a entrepris une grande réorganisation militaire.

Après le temps du bled et de l'armée coloniale, après des siècles de batailles sur un continent où l'infanterie était reine, la modernisation autour du feu nucléaire devient l'impératif. Ainsi parle le chef de l'Etat à Strasbourg, devant une armée encore traumatisée par le putsch d'Algérie.

« La France aux mains libres »

Le général de Gaulle n'a jamais tergiversé avec les exigences de la liberté. En 1961, au moment de la crise de Berlin – qui aboutit à la construction du Mur, en 1962, au moment de la crise de Cuba – qui oblige le bouillant Khrouchtchev à retirer ses missiles, de Gaulle est le premier à affirmer sa solidarité, en résistant au chantage nucléaire. Ce dont le jeune

« Je suis le type qui accompagne Jackie », avait dit le sémillant Kennedy en arrivant à Paris en 1961 avec sa belle épouse. L'année suivante, de Gaulle sera le premier à le soutenir lorsque les Soviétiques voudront implanter des missiles à Cuba. Cette reculade de Khrouchtchev donne de nouveaux espoirs à la détente que de Gaulle voudra encourager en allant à Moscou en 1966 (ci-dessus).

président Kennedy, venu à Paris l'année précédente, lui sera très reconnaissant.

Mais l'année 1962 est celle d'un retournement. Tandis que les Soviétiques sont contraints au recul, les Américains deviennent de plus en plus entreprenants : en Europe, les projets de «force multilatérale» ne sont que paravents pour paralyser l'effort français de construction d'une force de dissuasion; en Extrême-Orient surtout, où leurs «conseillers» militaires entrent, au Viêt-nam, dans l'engrenage d'une guerre sans espoir.

Aussi, après avoir été réélu en décembre 1965, le Général va-t-il entreprendre une série de voyages mondiaux, pour dire, de Moscou à Phnom-Penh et de Montréal à Varsovie, qu'il n'y a d'espoir pour la paix du monde que dans la liberté des peuples et le courage des nations. Pour donner l'exemple, il retire la France de l'organisation militaire de l'Alliance atlantique afin qu'elle ne soit jamais entraînée dans une guerre qui ne serait pas la sienne. Scandale chez tous les atlantistes, qui tentent sans succès de censurer le gouvernement de Georges Pompidou.

j'ai 7 ans

laissez-moi grandir

En août 1961, la crise de Berlin avait conduit à la construction d'un mur, qui durera jusqu'en 1989. Il séparait Berlin-Ouest, gouverné par les Occidentaux, de Berlin-Est, capitale de la RDA que de Gaulle appelait le «système de Pankov» pour ne pas la reconnaître. La «construction de l'Europe» sera la réponse des Européens à la guerre froide. Mais là où de Gaulle espérait une Europe «européenne», grâce à un effort propre de défense, les tenants des «Etats-Unis» d'Europe s'en tenaient à l'atlantisme du parapluie nucléaire américain.

Le général de Gaulle va alors à Moscou, et déclare que la France ne peut s'accommoder de cette «confrontation rigide entre deux organisations ». «Sans cesser d'être par excellence le pays de la liberté», la France voudrait que «le charme malfaisant soit rompu» afin que «se déclenche avec les Etats européens dits de l'Est la mise en œuvre de rapports nouveaux visant à la détente, à l'entente et à la coopération».

«Tandis que l'Europe prend le chemin de la paix, la guerre sévit en Asie du Sud-Est. Guerre injuste, guerre détestable, puisqu'elle conduit une grande nation à en ravager une petite»

John Kennedy, qui avec sa femme Jackie avait tant séduit les Français, est assassiné en 1963. Son successeur, Lyndon Johnson, est impuissant à arrêter l'escalade militaire. Conscient des anciennes responsabilités de la France, de Gaulle va au Cambodge, qui en 1966, est encore un petit pays neutraliste et pacifique, aux frontières duquel sévit la deuxième guerre du Viêt-nam. S'autorisant du dur exemple de la France en Algérie, de Gaulle dit que «pour longue et dure que devra être l'épreuve, elle n'aura pas de solution militaire».

Discours pathétique, prononcé devant les cent mille auditeurs du stade de Phnom-Penh, qui se termine par une injonction pressante : «A moins que l'univers ne roule vers la catastrophe, seul un accord politique pourrait donc rétablir la paix.»

Le second septennat du Général sera illustré par de spectaculaires prises de position diplomatiques. Ci-dessus : le stade de Phnom-Penh au Cambodge, où, en 1966, il condamne la guerre du Viêt-nam menée par l'Amérique. Ci-dessous, une caricature de Tim.

«Le but primordial de la France, c'est la paix, que nous voulons maintenir ou rétablir»

Pendant l'hiver 1967-1968 la tension franco-américaine ne cesse de monter. Le Général a dénoncé dès 1965 la suprématie abusive du dollar qui, grâce au *gold exchange standard*, se fait passer pour de l'or. Contre l'impérialisme de la langue anglaise, il lance de Montréal un «Vive le Québec libre!» qui déclenche la joie d'une foule en délire et le scandale des chancelleries. Le Général doit même abréger son voyage et renoncer à aller, comme prévu, à Ottawa. Enfin, il ne craint pas de désolidariser la politique de la France de celle d'Israël qui, depuis la guerre des Six Jours, déploie sur les territoires occupés une présence qui «ne peut aller sans oppression, répression, expulsions et où il se manifeste contre lui une résistance qu'à son tour il appellera terrorisme», dit-il au cours d'une de ces conférences de presse à succès dont il a le secret.

«Vive le Québec Libre!» lancé à Montréal en 1967 a beaucoup intrigué : provocation? lapsus? dette d'honneur? «Je me suis retrouvé dans une atmosphère qui rappelait le Paris de la Libération», dira-t-il en revenant. S'est-il alors souvenu qu'en août 1940 il avait lancé un de ses premiers appels aux «Canadiens français, rameau de la vieille souche française devenue un arbre magnifique, terre d'une France qui, après la victoire, saura vouloir, saura croire».

Aux Etats-Unis, l'émotion atteint son comble. Et même en France, où Raymond Aron n'accepte pas la définition du peuple juif comme «un peuple d'élite, sûr de lui et dominateur», définition pourtant droit venue de la Bible, qu'Henri de Gaulle lisait jadis à haute voix à ses enfants.

L'hostilité des intellectuels rejoint alors celle des beaux quartiers, inquiets de l'embargo des Etats-Unis sur les vins ou les parfums français, comme celle d'une opposition qui attend sa revanche.

«Le seul point sur lequel s'accordent les passions divergentes des partis, c'est mon départ»

Au faîte de sa popularité à la fin de la guerre d'Algérie, qui apporte la paix après vingt-deux ans de guerre, le général de Gaulle n'arrive pas à trouver de second souffle intérieur. En avril 1962, Georges Pompidou succède à Michel Debré. Il annonce une année sociale : ce sera celle de la grève des mineurs qui, pour la première fois, fait chuter la popularité du Général en dessous des 50 % d'opinions favorables. Le «Plan» est alors promu en «ardente obligation», et l'idée de participation dans l'entreprise est discutée sans que rien n'aboutisse vraiment. De 1965 à 1967, le Général affronte donc des scrutins plus difficiles. Après une longue hésitation, il décide d'inaugurer l'élection

Georges Pompidou, après Michel Debré, deviendra Premier ministre. Il gouvernera de 1962 à 1968, avant de succéder à de Gaulle en 1969. «Tout en révérant l'éclat de l'acte, le risque dans l'entreprise, l'audace dans l'autorité, il incline vers les démarches prudentes et les démarches réservées, excellant d'ailleurs dans chaque cas à embrasser les données et à en dégager une issue.»

Mémoires d'espoir

FRANÇAISES, FRANÇAIS, le choix est clair...

au suffrage universel du chef de l'Etat. Mais il refuse de faire campagne. Son silence s'opposera au sourire télégénique de Jean Lecanuet, qui parle au nom de l'Europe atlantique, ou au personnage de François Mitterrand, qui inaugure son rôle de champion unique de la gauche. Avec 43 % de votes favorables, le Général est mis en ballottage. Dans un pays qui ne connaît pas encore la vogue des sondages, cela choque. Pour le second tour, le Général se fait interviewer à la télévision par Michel Droit, et fait rire les Français de son humour goguenard. Il est réélu. Mais une certaine magie est rompue. L'homme du destin fait l'apprentissage de la démocratie quotidienne.

«On a parlé de pouvoir personnel : qui a jamais cru que le général de Gaulle devrait se contenter d'inaugurer les chrysanthèmes?»

Evincés et humiliés depuis 1958, les partis se mettent à penser que l'après-de-Gaulle est proche. D'autant qu'au vieux tripartisme de la Libération (PCF, SFIO, MRP) s'ajoute maintenant la vieille droite, rajeunie par Valéry Giscard d'Estaing, qui ne se console pas de son départ du ministère des Finances. Il parle «d'exercice solitaire du pouvoir» et résume son attitude dans un «oui mais» qui donne à penser que le héros de soixante-quinze ans a peut-être fait son temps. Les élections de 1967 sont gagnées de justesse, sans arriver à rompre la morosité ambiante. Reconduit dans ses fonctions de Premier ministre, Georges Pompidou décide de recourir aux pouvoirs spéciaux pour préparer le pays à la dernière étape du Marché commun. Démarche certes constitutionnelle, mais qui déçoit l'attente d'une réanimation du débat parlementaire. D'autant que le bruit court d'une

Avec Mendès France, dont il avait été le ministre en 1954, François Mitterrand sera un des principaux opposants au retour du Général comme à ses réformes institutionnelles. Battu aux élections de 1958,

RÉPUBLIQUE FRANÇAISE
ÉLECTION DU PRÉSIDENT DE LA RÉPUBLIQUE ● 19 DÉCEMBRE 1965

FRANÇOIS MITTERRAND
Candidat des Républicains

il se réfugie en 1959 au Sénat, puis revient au Palais-Bourbon en 1962, où son talent oratoire l'impose comme principal challenger de Pompidou. En 1964, *Le Coup d'Etat permanent* est un pamphlet acerbe contre un régime jugé entièrement à l'aune des républiques parlementaires.

remise en ordre de la Sécurité
sociale qui, justifiée du point de
vue technique, semble d'autant
plus inquiétante qu'il n'y a pas eu
de discussion publique.

Fierté du régime, les institutions
paraissent bloquées, incapables
d'accueillir les flots montants de
la jeunesse et de la nouveauté.
Comme Lamartine en 1848, Pierre
Viansson-Ponté écrit dans *Le
Monde* que «la France s'ennuie».
Et les Français de saisir l'occasion
d'un chahut d'étudiants – guère
différent de ce qui avait eu lieu à
l'étranger – pour lui donner les
dimensions d'un immense
psychodrame. Au bout de trois
semaines d'émeutes et de grèves,
le magicien du verbe ressurgit, le
temps d'un discours. Ce sera son
chant du cygne.

La «chienlit»

«Il est interdit d'interdire», «Faites l'amour et pas la
guerre», «Sous les pavés, la plage», mais aussi «CRS :
SS» et «Dix ans, c'est assez», tous ces slogans
fleurissent sur les murs et sont repris dans de grands
défilés où chacun vit son moment d'Histoire : s'agit-il
d'une Commune étudiante? de la version française de
la Révolution culturelle chinoise? de la rupture du
glacis stalinien du PC, coupé de la jeunesse depuis la
guerre d'Algérie? ou plus simplement de l'occasion de
briser un pouvoir qui, «né de l'émeute», doit mourir
de la même façon, comme le disent Mendès France et
Mitterrand, qui se déclare candidat à l'élection
présidentielle? Tout se mélange bien sûr et manqua
être vrai. Jusqu'à ce que le Général réussisse son
exercice d'exorcisme et de pédagogie en forçant la
crise à trouver une issue dans les urnes.

Depuis l'automne 1967, l'université de Nanterre,
carcasse de béton surgie au milieu des bidonvilles de
l'Ouest parisien, vivait dans l'agitation. On y

La révolution de
Mai a suivi la
Révolution culturelle
chinoise, dont les
maoïstes français
sont de fervents
admirateurs. Ils lui
empruntent donc ses
techniques, en
particulier l'affichage
mural; ici, la réponse
au commentaire du
Général à l'issue du
premier conseil des
ministres qui suit son
retour de Roumanie :
«La réforme, oui, la
chienlit, non.»

Pendant les trois semaines de Mai 1968, les barricades s'élèvent boulevard Saint-Michel, où les pavés pleuvent, les voitures sont incendiées et les arbres tronçonnés. Des heurts avec la police susciteront dans un premier temps la sympathie des Parisiens pour les étudiants, qui combattent à mains nues. Grâce au préfet Grimaud, qui sut tenir ses troupes, pas un mort ne fut à déplorer au cours de ces semaines de violence.

critiquait l'enseignement «bourgeois», l'interdiction d'accéder aux résidences des filles, comme les projets de sélection. Le 4 mai, la faculté est fermée. Résultat, les étudiants refluent à Paris, où les portes closes de la Sorbonne engendrent des heurts qui vont jusqu'à l'émeute, puis à la grève générale. Devant cette situation, largement sous-estimée, le pouvoir hésite. Pompidou est en Afghanistan quand tout commence. Le chef de l'Etat ne croit pas nécessaire de renoncer à un voyage en Roumanie. A leur retour, chacun essaie d'agir : Pompidou rouvre la Sorbonne et entame une négociation sociale sans précédent avec les syndicats; le Général parle à la télévision, puis propose un

référendum sur la participation, et admet qu'il a mis
« à côté de la plaque ». Le pays s'enfonce. Les ministres
se découvrent impuissants dans leurs bureaux. Et, au
Quartier latin, les émeutes se succèdent devant une
opinion d'abord amusée, et bientôt inquiète.

«Détenteur de la légitimité nationale et républicaine»

Tout semblait possible quand, le 29 mai, le chef de
l'Etat disparaît. Il reparaît le lendemain avec un
discours de combat : il garde le Premier ministre,
dissout l'Assemblée et appelle à la mobilisation
civique contre la menace «totalitaire». Le
discours n'est pas fini qu'au bas des Champs-
Elysées surgit une immense manifestation de
soutien, suscitée par tout ce que la France compte
d'anciens réseaux, d'amicales combattantes ou
d'élus locaux scandalisés par les scènes de Paris
diffusées par une télévision qui se disait «libérée»
de la tutelle du ministère de l'Information. Les
drapeaux tricolores chassent les drapeaux rouges
et noirs et, *la Marseillaise* succède à
l'Internationale. Bras dessus-bras dessous, André
Malraux, Michel Debré et François Mauriac
mènent le cortège jusqu'au Soldat inconnu,
en criant à hauteur de l'Elysée : «De Gaulle,
tu n'es pas seul.»

Pendant trois
semaines, la
majorité avait été
tétanisée. Elle se
ressaisit pour organiser
le 30 mai une
manifestation qui
rassemblera un million
de personnes sur les
Champs-Elysées.

OUI à De Gaulle
à la France

«Je cesse d'exercer mes fonctions»

En disparaissant à Baden-Baden, où commande «Massu qui fut Massu», c'est-à-dire le vieux compagnon qui conforte, rassure et exhorte l'homme en proie au doute, le Général a «ressaisi» son monde. Les élections sont triomphales. Mais tout le monde sent que si c'est de Gaulle qui a retourné la situation, sur le terrain, c'est son Premier ministre qui a gagné.

Pour continuer à gouverner, le Général veut gagner un référendum. Il revient au thème de la participation mais avec une application territoriale, puisqu'il s'agit de créer des régions décentralisées, et de modifier en conséquence le Sénat. Mais en 1969, à soixante-dix-neuf ans, il est trop tard pour lui. D'autant que le successeur est là. Tout au long de la crise de Mai, les Français ont appris à apprécier la voix rocailleuse de Georges Pompidou. Le 27 avril 1969, il manque au général de Gaulle plus de un million de voix pour gagner. Sans attendre, il décide la publication de sa démission.

Le Général reste à Colombey, dont il ne sort que pour deux brefs voyages, en Irlande et en Espagne, afin de ne pas être en France à la date anniversaire du 18 Juin. S'il avait vécu, il serait allé en Chine en 1971, afin de rencontrer le chef de ce pays, avec qui il avait renoué des relations diplomatiques en 1965.

Quittant Paris, de Gaulle est un homme blessé. Lui qui, en 1958, avait espéré «revoir une jeunesse française», a été hué et sa femme injuriée dans la rue. Le voyage à Baden a intrigué : retrait? repli stratégique? opération surprise? Devant cette photographie, chacun peut choisir.

«Les hommes et les femmes de France pourront faire à ma mémoire l'honneur d'accompagner mon corps à sa dernière demeure. Mais c'est dans le silence que je veux être conduit»

Les Français n'entendront plus la voix du 18 Juin. Il reparaît en photo, vieilli, marchant avec une canne sur une plage d'Irlande. A ses côtés, Yvonne, discrète et immuable, à qui il revient d'atténuer la blessure de l'homme sifflé par les étudiants, ostracisé par ses concitoyens, abandonné par la classe dirigeante.

« Le Général est mort à la fin de la journée », écrira Jean Mauriac dans un récit qui a la simplicité d'une icône; le 9 novembre 1970, après une journée de travail, il rejoint dans la bibliothèque madame de Gaulle, qui écrit à son secrétaire. Il s'asseoit pour une de ces réussites dont il a pris l'habitude depuis qu'il a cessé de fumer, juste après la mort de Leclerc en 1947. Il pousse un cri, porte sa main à son dos, s'affaisse sur son fauteuil. Il ne reprendra plus connaissance.

Le lendemain Jacques Faizant, le caricaturiste amical du *Figaro*, fait un dessin où Marianne pleure devant un chêne déraciné par la foudre. Georges Pompidou s'adresse aux Français : « La France est veuve » et fait connaître le testament, inchangé depuis 1952. L'émotion est immense. « Un grand froid nous saisit », avait-il écrit à madame Mauriac au lendemain de la mort de son mari. Ainsi les « hommes et les femmes de France » sont-ils nombreux à remonter les Champs-Elysées, dans la pluie du soir, une fleur à la main puis à aller à

P arti en Irlande pour ne pas assister à la campagne électorale, de Gaulle ira saluer le président De Valera, héros de l'indépendance nationale.

Colombey assister aux obsèques villageoises, où seuls les Compagnons ont été conviés. Le lendemain, dans une nef sans catafalque, tout ce que l'univers compte de têtes couronnées et de chefs révolutionnaires se retrouve à Notre-Dame. Le cardinal Marty célèbre l'office et, dans son homélie, évoque la mission de la France, pays de liberté et de fraternité, accueillante au pauvre comme à l'étranger.

Désormais, la vie de Charles de Gaulle appartient à la postérité. Fondateur de la Ve République, il a été le combattant de la liberté. Stratège de la démocratie, il a réconcilié la légitimité du vieil Etat avec la légalité de la République. Et, comme Washington aux Etats-Unis, il a légué une pratique, qui permettra à ses adversaires, devenus ses successeurs, de gouverner dans la quiétude. Quant aux Français, il les laisse avec le trésor de sa vie : une fidélité aux aïeux qui est aussi une généalogie de l'honneur, un exemple de courage qui fait de son patriotisme une aventure indivisible ouverte à tous et à chacun.

André Malraux, qui aura été l'un de ses derniers visiteurs, écrira après la mort du Général : «Aujourd'hui, dans le jour gris des funérailles, je me hâte sous le glas de Colombey auquel répond celui de toutes les églises de France, et, dans mon souvenir, les cloches de la Libération. [...] Ici, dans la foule, derrière les fusiliers marins, une paysanne en châle noir, comme celle de nos maquis de Corrèze, hurle : "Pourquoi est-ce qu'on ne me laisse pas passer! Il a dit : tout le monde." Je pose la main sur l'épaule du marin : "Vous devriez la laisser passer, ça ferait plaisir au Général. Elle parle comme la France."»

Les chênes qu'on abat..., 1971

TÉMOIGNAGES ET DOCUMENTS

De Gaulle écrivain

Charles de Gaulle a vécu la plume à la main, le carnet dans la poche : il écrivait avant l'action pour la concevoir, pendant l'action pour rédiger les discours qui entraînent et après l'accomplissement, moins pour raconter que pour enseigner l'avenir. La France du passé, du présent et du futur : tel est le sujet unique des trois tomes des « Mémoires de guerre » comme des « Mémoires d'espoir » interrompus par la mort, au milieu du deuxième tome.

Toute ma vie, je me suis fait une certaine idée de la France. Le sentiment me l'inspire aussi bien que la raison. Ce qu'il y a, en moi, d'affectif imagine naturellement la France, telle la princesse des contes ou la madone aux fresques des murs, comme vouée à une destinée éminente et exceptionnelle. J'ai, d'instinct, l'impression que la Providence l'a créée pour des succès achevés ou des malheurs exemplaires. S'il advient que la médiocrité marque, pourtant, ses faits et gestes, j'en éprouve la sensation d'une absurde anomalie, imputable aux fautes des Français, non au génie de la patrie. Mais aussi, le côté positif de mon esprit me convainc que la France n'est réellement elle-même qu'au premier rang; que, seules, de vastes entreprises sont susceptibles de compenser les ferments de dispersion que son peuple porte en lui-même; que notre pays, tel qu'il est, parmi les autres, tels qu'ils sont, doit, sous peine de danger mortel, viser haut et se tenir droit. Bref, à mon sens, la France ne peut être la France sans la grandeur.

Mémoires de guerre

La France Libre et de Gaulle à Douala en octobre 1940

Ce fut, pourtant, un extrême enthousiasme qui déferla sur la ville dès que le *Commandant Duboc,* à bord duquel j'avais pris passage, entra dans le port de Douala. Leclerc m'y attendait. Après la revue des troupes, je me rendis au Palais du Gouvernement, tandis que débarquaient les éléments venus d'Angleterre. Les fonctionnaires, les colons français, les notables autochtones, avec qui je pris contact, nageaient en pleine euphorie patriotique. Pourtant, ils n'oubliaient rien de leurs problèmes particuliers, dont le principal consistait à maintenir les exportations des produits du territoire et à y faire venir ce qu'il fallait pour vivre, et qui ne s'y trouvait pas. Mais, au-dessus des soucis et des divergences, l'unité morale des Français libres, qu'ils se fussent engagés à Londres ou ralliés en Afrique, se révélait instantanément.

Cette identité de nature entre tous ceux qui se rangeaient sous la croix de Lorraine allait être, par la suite, une sorte de donnée permanente de l'entreprise. Où que ce fût et quoi qu'il arrivât, on pourrait désormais prévoir, pour ainsi dire à coup sûr, ce que penseraient et comment se conduiraient les «gaullistes». Par exemple : l'émotion enthousiaste que je venais de rencontrer, je la retrouverais toujours, en toutes circonstances, dès lors que la foule serait là. Je dois dire qu'il allait en résulter pour moi-même une perpétuelle sujétion.

Le fait d'incarner, pour mes compagnons le destin de notre cause, pour la multitude française le symbole de son espérance, pour les étrangers la figure d'une France indomptable au milieu des épreuves, allait commander mon comportement et imposer à mon personnage une attitude que je ne pourrais plus changer. Ce fut pour moi, sans relâche, une forte tutelle intérieure en même temps qu'un joug bien lourd.

Mémoires de guerre

Alger, 1943 : les deux équipes

Un grand déjeuner est servi. Cette bonne habitude française s'impose, quels que soient les rapports et les soucis des convives. Giraud et moi sommes en face l'un de l'autre. A ma droite, je vois, sans surprise, s'asseoir le général George qui me raconte comment les Anglais viennent de le faire venir de France. A ma gauche est M. Jean Monnet, qui m'entretient, aussitôt, de questions économiques. Catroux et Massigli encadrent mon vis-à-vis. André Philip et René Mayer, Palewski et Couve de Murville, Linarès et Billotte entrent en conversation, ainsi que trente autres invités. Les voilà donc réunis, ces Français, si divers et, pourtant, si semblables, que les vagues des événements ont roulé vers des plages différentes et qui se retrouvent, à présent, aussi remuants et assurés d'eux-mêmes qu'ils l'étaient avant le drame ! En parcourant des yeux la table, on pourrait croire qu'en trois ans rien de tragique ne s'est passé. Cependant, deux équipes sont là.

Entre elles, le rapport apparent des forces est facile à établir. D'un côté, tout ; de l'autre, rien. Ici, l'armée, la police, l'administration, les finances, la presse, la radio, les transmissions sont sous l'unique dépendance du Commandement en chef civil et militaire. La puissance des Alliés, grâce à laquelle il fut mis en place, est alertée en sa seule faveur. Pour moi, je n'ai, dans ce pays, ni troupes, ni gendarmes, ni fonctionnaires, ni compte en banque, ni moyens propres de me faire entendre. Pourtant, les attitudes, les propos, les regards de ceux que, depuis deux heures, j'ai rencontrés m'ont révélé déjà où se trouve l'ascendant. Chacun, au fond de lui-même, sait comment finira le débat.

Mémoires de guerre

1944, un miracle de la conscience nationale : la libération

Innombrables Français dont je m'approche tour à tour, à l'Etoile, au Rond-Point, à la Concorde, devant l'Hôtel de Ville, sur le parvis de la cathédrale, si vous saviez comme vous êtes pareils ! Vous, les enfants, si pâles ! qui trépignez et criez de joie ; vous, les femmes, portant tant de chagrins, qui me jetez vivats et sourires ; vous, les hommes, inondés d'une fierté longtemps oubliée, qui me criez votre merci ; vous, les vieilles gens, qui me faites l'honneur de vos larmes, ah ! comme vous vous ressemblez ! Et moi, au centre de ce déchaînement, je me sens remplir une fonction qui dépasse de très haut ma personne, servir d'instrument au destin.

Mais il n'y a pas de joie sans mélange, même à qui suit la voie triomphale. Aux heureuses pensées qui se pressent dans mon esprit beaucoup de soucis sont mêlés. Je sais bien que la France tout entière ne veut plus que sa libération. La même ardeur à revivre qui éclatait, hier, à Rennes et à Marseille et, aujourd'hui, transporte Paris se révélera demain à Lyon, Rouen, Lille, Dijon, Strasbourg, Bordeaux. Il n'est que de voir et d'entendre pour être sûr que le pays veut se remettre debout. Mais la guerre continue. Il reste à la gagner. De quel prix, au total, faudra-t-il payer le résultat ? Quelles ruines s'ajouteront à nos ruines ? Quelles pertes nouvelles décimeront nos soldats ? Quelles peines morales et physiques auront à subir encore les Français prisonniers de guerre ? Combien reviendront parmi nos déportés, les plus militants, les plus souffrants, les plus méritants de nous tous ? Finalement, dans quel état se retrouvera notre peuple et au milieu de quel univers ?

Il est vrai que s'élèvent autour de moi d'extraordinaires témoignages d'unité. On peut donc croire que la nation surmontera ses divisions jusqu'à la fin du conflit ; que les Français, s'étant reconnus, voudront rester rassemblés afin de refaire leur puissance ; qu'ayant choisi leur but et trouvé leur guide, ils se donneront des institutions qui leur permettent d'être conduits. Mais je ne puis, non plus, ignorer l'obstiné dessein des communistes, ni la rancune de tant de notables qui ne me pardonnent pas leur erreur, ni le prurit d'agitation qui, de nouveau, travaille les partis. Tout en marchant à la tête du cortège, je sens qu'en ce moment même des ambitions me font escorte en même temps que des dévouements. Sous les flots de la confiance du peuple, les récifs de la politique ne laissent pas d'affleurer.

A chaque pas que je fais sur l'axe le plus illustre du monde, il me semble que les gloires du passé s'associent à celle d'aujourd'hui. Sous l'Arc, en notre honneur, la flamme s'élève allégrement.

Cette avenue, que l'armée triomphante suivit il y a vingt-cinq ans, s'ouvre radieuse devant nous. Sur son piédestal, Clemenceau, que je salue en passant, a l'air de s'élancer pour venir à nos côtés. Les marronniers des Champs-Elysées, dont rêvait l'Aiglon prisonnier et qui virent, pendant tant de lustres, se déployer les grâces et les prestiges français, s'offrent en estrades joyeuses à des milliers de spectateurs. Les Tuileries, qui encadrèrent la majesté de l'Etat sous deux empereurs et sous deux royautés, la Concorde et le Carrousel qui assistèrent aux déchaînements de l'enthousiasme révolutionnaire et aux revues des régiments vainqueurs; les rues et les ponts aux noms de batailles gagnées; sur l'autre rive de la Seine, les Invalides, dôme étincelant encore de la splendeur du Roi-Soleil, tombeau de Turenne, de Napoléon, de Foch; l'Institut, qu'honorèrent tant d'illustres esprits, sont les témoins bienveillants du fleuve humain qui coule auprès d'eux. Voici,

qu'à leur tour : le Louvre, où la continuité des rois réussit à bâtir la France; sur leur socle, les statues de Jeanne d'Arc et de Henri IV; le palais de Saint-Louis dont, justement, c'était hier la fête; Notre-Dame, prière de Paris, et la Cité, son berceau, participent à l'événement. L'Histoire, ramassée dans ces pierres et dans ces places, on dirait qu'elle nous sourit.

Mémoires de guerre

Vichy sans repentir : Paris 1944

Par-dessus tout, la condition que met Pétain à un accord avec moi est justement le motif qui rend cet accord impossible. La légitimité qu'il prétend incarner, le gouvernement de la République la lui dénie absolument, non point tant parce qu'il a recueilli naguère l'abdication d'un parlement affolé qu'en raison du fait qu'il a accepté l'asservissement de la France, pratiqué la collaboration officielle avec l'envahisseur, ordonné de combattre les soldats français et alliés de la libération, tandis que, pas un seul jour, il ne laissa tirer sur les Allemands. Au surplus, dans la mission donnée à Auphan par Pétain, non plus que dans l'adieu que le Maréchal vient d'adresser aux Français, pas une phrase ne condamne «l'armistice», ni ne crie : «Sus à l'ennemi!». Or, il ne peut y avoir de gouvernement français légitime qui ait cessé d'être indépendant. Nous, Français, avons au cours du temps subi des désastres, perdu des provinces, payé des indemnités, mais jamais l'Etat n'a accepté la domination étrangère. Même le roi de Bourges, la restauration de 1814 et celle de 1815, le gouvernement et l'assemblée de Versailles en 1871 ne se sont pas subordonnés. Si la France se reconnaissait dans un pouvoir qui portait le joug, elle se fermerait l'avenir.

Un appel venu du fond de l'Histoire, ensuite l'instinct du pays m'ont amené à prendre en compte le trésor en déshérence, à assumer la souveraineté française. C'est moi qui détiens la légitimité. C'est en son nom que je puis appeler la nation à la guerre et à l'unité, imposer l'ordre, la loi, la justice, exiger au-dehors le respect des droits de la France. Dans ce domaine, je ne saurais le moins du monde renoncer, ni même transiger.

Mémoires de guerre

1945 : la querelle des institutions

Pour moi, considérant ce que sont en France, dans le présent, les réalités politiques et, d'autre part, l'étendue et la difficulté de la tâche de l'Etat, je me suis fait une claire idée des institutions souhaitables. Pour en venir à ce plan, j'ai tenu compte, bien entendu, de la leçon tirée d'un désastre péniblement réparé, de mon expérience des hommes et des affaires, du rôle, enfin, que les événements me mettent en mesure de jouer dans la mise en marche de la IVᵉ République.

Suivant moi, il est nécessaire que l'Etat ait une tête, c'est-à-dire un chef, en qui la nation puisse voir, au-dessus des fluctuations, l'homme en charge de l'essentiel et le garant de ses destinées. Il faut aussi que l'exécutif, destiné à ne servir que la seule communauté, ne procède pas du Parlement, qui réunit les délégations des intérêts particuliers. Ces conditions impliquent que le chef de l'Etat ne provienne pas d'un parti, qu'il soit désigné par le peuple, qu'il ait à nommer les ministres, qu'il possède le droit de consulter le pays, soit par référendum, soit par élection d'assemblées, qu'il reçoive, enfin, le mandat d'assurer, en cas de péril,

l'intégrité et l'indépendance de la France. En dehors des circonstances où il appartiendrait au Président d'intervenir publiquement, gouvernement et parlement auraient à collaborer, celui-ci contrôlant celui-là et pouvant le renverser, mais le magistrat national exerçant son arbitrage et ayant la faculté de recourir à celui du peuple.

Je ne puis dissimuler que mon projet va heurter de front les prétentions des partis. Tel ou tel d'entre eux, par conviction ou par précaution, ne se résout pas encore à s'opposer à de Gaulle. D'autres, qui lui prodiguent déjà critiques et avertissements, se retiennent encore de lui livrer ouvertement le combat. Les communistes, eux-mêmes, tout en multipliant appels du pied et moulinets, se gardent de croiser le fer. Mais il est clair que, dans le débat capital qui va s'engager, le désaccord est inévitable.

Mémoires de guerre

1960 : organiser la paix de l'Atlantique à l'Oural

«Je comprends votre position, me dit Khrouchtchev. Mais soyez assuré que la République de l'Est continuera d'exister et ne sera jamais absorbée par celle de l'Ouest. Ne serait-il pas, de votre part,

réaliste de vous mettre en relation avec la première aussi bien qu'avec la seconde? D'autant mieux qu'au fond vous n'êtes certainement pas pressé de voir l'Allemagne rassemblée.» Revenant sur toutes les notes que Moscou a déjà adressées sur le sujet à Washington, à Londres et à Paris, il me déclare qu'il est temps de régler la question allemande en concluant formellement la paix avec les deux républiques. Au cas où sa proposition ne serait pas agréée, Moscou signerait séparément un traité avec Pankow. Alors, la souveraineté de Pankow devenant entière aux yeux du gouvernement soviétique, celui-ci transmettrait à la République de l'Est le contrôle de sa frontière, ce qui entraînerait le changement complet du régime des communications entre la République fédérale et Berlin et soumettrait aux visas du gouvernement présidé par Walter Ulbricht les mouvements intéressant les troupes françaises, américaines et britanniques stationnées dans l'ancienne capitale. Au cas où ces conditions donneraient lieu, du côté des Occidentaux, à des actes de force contre la République de l'Est, son alliance avec l'Union soviétique jouerait automatiquement. Le mieux à faire, pour éviter de graves complications, serait d'ériger Berlin-Ouest en une ville libre qu'évacueraient les forces des trois puissances de l'Ouest et qui réglerait elle-même avec Pankow les modalités de son existence. Moscou, pour sa part, est prêt à lui reconnaître ce caractère de ville libre. Mais les Occidentaux doivent se décider promptement, faute de quoi l'Union soviétique, ne pouvant attendre davantage, agira unilatéralement.

M'enveloppant de glace, je fais comprendre à Khrouchtchev que la menace qu'il agite ne m'impressionne pas beaucoup. «Personne, lui dis-je, ne saurait vous empêcher de signer ce que vous appelez un traité avec Pankow et qui ne sera rien d'autre qu'un papier rédigé entre communistes et que vous vous adresserez à vous-même. Mais, quand vous l'aurez fait, le problème allemand restera posé tout entier. D'ailleurs, les difficultés que votre initiative entraînerait pour les contingents français, américains et britanniques qui occupent Berlin, tout le monde saurait que c'est de vous qu'elles viendraient. Or, les trois puissances ne laisseront pas bafouer leurs troupes. Si cela mène à la guerre, ce sera bien par votre faute. Mais vous parlez à tous les échos de coexistence pacifique, vous blâmez chez vous rétrospectivement Staline, vous étiez, il y a trois mois, l'hôte d'Eisenhower, vous êtes, aujourd'hui, le mien. Si vous ne voulez pas la guerre, n'en prenez pas le chemin! La question n'est pas de susciter des risques de se battre mais d'organiser la paix. A cet égard, je suis d'accord avec vous pour penser qu'il ne faut pas que l'Allemagne se retrouve en état de nuire, que ses actuelles frontières ne sauraient être remises en cause et qu'elle ne doit disposer d'aucun armement atomique. Mais reconnaissez avec moi que rien, non plus, ne serait acquis au point de vue de la paix, tant que ce grand peuple subirait une situation nationale insupportable. La solution, nous devons la chercher, non point en dressant face à face deux blocs monolithiques, mais au contraire en mettant en œuvre successivement la détente, l'entente et la coopération dans le cadre de notre continent. Nous créerons ainsi entre Européens, depuis l'Atlantique jusqu'à l'Oural, des rapports, des liens, une atmosphère, qui d'abord ôteront leur virulence aux problèmes allemands.

Mémoires d'espoir

De Gaulle portraitiste

Dans ses Mémoires, de Gaulle a voulu s'inspirer de César pour le commentaire historique et de Chateaubriand pour l'art du portrait. Très soignés, lus à haute voix devant quelques visiteurs choisis, les portraits lui permettaient de livrer un jugement balancé sur les acteurs de l'Histoire avec qui il avait pu se heurter, comme de trouver la formule qui ferait mouche : ainsi de Pétain identifié au «naufrage de la vieillesse», de Churchill «artiste d'une grande Histoire» ou de Hitler ce «diabolique génie».

Pétain

Au maréchal Pétain, qui dînait dans la même salle, j'allai en silence adresser mon salut. Il me serra la main, sans un mot. Je ne devais plus le revoir, jamais.

Quel courant l'entraînait et vers quelle fatale destinée! Toute la carrière de cet homme d'exception avait été un long effort de refoulement. Trop fier pour l'intrigue, trop fort pour la médiocrité, trop ambitieux pour être arriviste, il nourrissait en sa solitude une passion de dominer, longuement durcie par la conscience de sa propre valeur, les traverses rencontrées, le mépris qu'il avait des autres. La gloire militaire lui avait, jadis, prodigué ses caresses amères. Mais elle ne l'avait pas comblé, faute de l'avoir aimé seul. Et voici que, tout à coup, dans l'extrême hiver de sa vie, les événements offraient à ses dons et à son orgueil l'occasion, tant attendue! de s'épanouir sans limites; à une condition, toutefois, c'est qu'il acceptât le désastre comme pavois de son élévation et le décorât de sa gloire.

Il faut dire que, de toute manière, le Maréchal tenait la partie pour perdue. Ce vieux soldat, qui avait revêtu le harnois au lendemain de 1870, était porté à ne considérer la lutte que comme une nouvelle guerre franco-allemande. Vaincus dans la première, nous avions gagné la deuxième, celle de 1914-1918, avec des alliés sans doute, mais qui jouaient un rôle secondaire. Nous perdions maintenant la troisième. C'était cruel, mais régulier. Après Sedan et la chute de Paris, il n'était que d'en finir, traiter et, le cas échéant, écraser la Commune, comme, dans les mêmes circonstances, Thiers l'avait fait jadis. Au jugement du vieux maréchal, le caractère mondial du conflit, les possibilités des territoires d'outre-mer, les conséquences idéologiques de la victoire de Hitler, n'entraient guère en ligne de compte. Ce n'étaient point là des choses qu'il eût l'habitude de considérer.

Malgré tout, je suis convaincu qu'en d'autres temps le maréchal Pétain n'aurait pas consenti à revêtir la pourpre dans l'abandon national. Je suis sûr, en tout cas, qu'aussi longtemps qu'il fut lui-même, il eût repris la route de la guerre dès qu'il put voir qu'il s'était trompé, que la victoire demeurait possible, que la France y aurait sa part. Mais, hélas! les années, par-dessous l'enveloppe, avaient rongé son caractère. L'âge le livrait aux manœuvres de gens habiles à se couvrir de sa majestueuse lassitude. La vieillesse est un naufrage. Pour que rien ne nous fût épargné, la vieillesse du maréchal Pétain allait s'identifier avec le naufrage de la France.

Mémoires de guerre

Churchill

[1940.] M. Churchill me reçut à Downing Street. C'était la première fois que je prenais contact avec lui. L'impression que j'en ressentis m'affermit dans la conviction que la Grande-Bretagne, conduite par un pareil lutteur, ne fléchirait certainement pas. M. Churchill me parut être de plain-pied avec la tâche la plus rude, pourvu qu'elle fût grandiose. L'assurance de son jugement, sa grande culture, la connaissance qu'il avait de la plupart des sujets, des pays, des hommes qui se trouvaient en cause, enfin sa passion pour les problèmes propres à la guerre s'y déployaient à leur aise. Par-dessus tout, il était, de par son caractère, fait pour agir, risquer, jouer le rôle, très carrément et sans scrupule. Bref, je le trouvai bien assis à sa place de guide et de chef. Telles furent mes premières impressions.

La suite ne fit que les confirmer en me révélant, en outre, l'éloquence propre à M. Churchill et l'usage qu'il savait en faire. Quel que fût son auditoire : foule, assemblée, conseil, voire interlocuteur unique, qu'il se trouvât devant un micro, à la tribune, à table, ou derrière un bureau, le flot original, poétique, émouvant de ses idées, arguments, sentiments lui procurait un ascendant presque infaillible dans l'ambiance dramatique où haletait le pauvre monde. En politique éprouvé, il jouait de ce don angélique et diabolique pour remuer la lourde pâte anglaise aussi bien que pour frapper l'esprit des étrangers. Il n'était pas jusqu'à l'humour dont il assaisonnait ses gestes et ses propos et à la manière

dont il utilisait tantôt la bonne grâce et tantôt la colère qui ne fissent sentir à quel point il maîtrisait le jeu terrible où il était engagé.

Les incidents rudes et pénibles qui se produisirent à maintes reprises entre nous, en raison des frictions de nos deux caractères, de l'opposition de certains intérêts de nos pays respectifs, des abus que l'Angleterre commit au détriment de la France blessée, ont influé sur mon attitude à l'égard du Premier ministre, mais non point mon jugement. Winston Churchill m'apparut, d'un bout à l'autre du drame, comme le grand champion d'une grande entreprise et le grand artiste d'une grande Histoire. [...]

[1944.] L'ayant beaucoup pratiqué, je l'avais fort admiré, mais aussi souvent envié. Car, si sa tâche était gigantesque, du moins se trouvait-il, lui, investi par les instances régulières de l'Etat, revêtu de toute la puissance et pourvu de tous les leviers de l'autorité légale, mis à la tête d'un peuple unanime, d'un territoire intact, d'un vaste empire, d'armées redoutables. Mais moi, dans le même temps, condamné que j'étais par des pouvoirs apparemment officiels, réduit à utiliser quelques débris de force et quelques bribes de fierté nationale, j'avais dû répondre, seul, du sort d'un pays livré à l'ennemi et déchiré jusqu'aux entrailles. Cependant, si différentes que fussent les conditions dans lesquelles Churchill et de Gaulle avaient eu à accomplir leur œuvre, si vives qu'aient été leurs querelles, ils n'en avaient pas moins, pendant plus de cinq années, navigué côte à côte, en se guidant d'après les mêmes étoiles, sur la mer démontée de l'Histoire. La nef que conduisait Churchill était maintenant amarrée. Celle dont je tenais la barre arrivait en vue du port.

Mémoires de guerre

Hitler

Cet homme, parti de rien, s'était offert à l'Allemagne au moment où elle éprouvait le désir d'un amant nouveau. Lasse de l'empereur tombé, des généraux vaincus, des politiciens dérisoires, elle s'était donnée au passant inconnu qui représentait l'aventure, promettait la domination et dont la voix passionnée remuait ses instincts secrets. D'ailleurs, en dépit de la défaite enregistrée naguère à Versailles, la carrière s'ouvrait largement à ce couple entreprenant. Dans les années 1930, l'Europe, obnubilée ici par l'attrait, là par la peur du communisme ou du fascisme, énervée de démocratie et encombrée de vieillards, offrait au dynamisme allemand de multiples occasions.

Adolf Hitler voulut les saisir toutes. Fascisme et racisme mêlés lui procurèrent une doctrine. Le système totalitaire lui permit d'agir sans frein. La force mécanique mit en ses mains les atouts du choc et de la surprise. Certes, le tout menait à l'oppression et celle-ci allait au crime. Mais Moloch a tous les droits. D'ailleurs, Hitler, s'il était fort, ne laissait pas d'être habile. Il savait leurrer et caresser. L'Allemagne, séduite au plus profond d'elle-même, suivit son Führer d'un élan. Jusqu'à la fin, elle lui fut soumise, le servant de plus d'efforts qu'aucun peuple, jamais, n'en offrit à aucun chef.

Pourtant, Hitler allait rencontrer l'obstacle humain, celui que l'on ne franchit pas. Il fondait son plan gigantesque sur le crédit qu'il faisait à la bassesse des hommes. Mais ceux-ci sont des âmes autant que du limon. Agir comme si les autres n'auraient jamais de courage, c'était trop s'aventurer. [...]

L'entreprise de Hitler fut surhumaine et inhumaine. Il la soutint sans répit. Jusqu'aux dernières heures d'agonie au fond du bunker berlinois, il demeura indiscuté, inflexible, impitoyable, comme il l'avait été dans les jours les plus éclatants. Pour la sombre grandeur de son combat et de sa mémoire, il avait choisi de ne jamais hésiter, transiger ou reculer. Le Titan qui s'efforce à soulever le monde ne saurait fléchir, ni s'adoucir. Mais, vaincu et écrasé, peut-être redevient-il un homme, juste le temps d'une larme secrète, au moment où tout finit.

Mémoires de guerre

Debré

Cette tâche capitale et quasi illimitée [celle de Premier ministre], Michel Debré est le premier qui l'assume dans la Ve République. Il la marque de son empreinte et celle-ci est forte et profonde. Convaincu qu'il faut à la France la grandeur et que c'est par l'Etat qu'elle l'obtient ou qu'elle la perd, il s'est voué à la vie publique pour servir l'Etat

et la France. S'il s'agit de cela, point d'idées qui soient étrangères à son intelligence, point d'événements qui n'éprouvent et, souvent, ne blessent son sentiment, point d'actions qui dépassent sa volonté ! Toujours tendu dans l'ardeur d'entreprendre, de réformer, de rectifier, il combat sans se ménager et endure sans se rebuter. D'ailleurs, très au fait des personnes, des ressorts et des rouages, il est aussi un homme de textes et de débats qui se distingue dans les assemblées. Mais certain, depuis juin 1940, que de Gaulle est nécessaire à la patrie, il m'a donné son adhésion sans réserves. Jamais, quoi que puisse parfois lui coûter ma manière de voir, ne me manquera le concours résolu de sa valeur et de sa foi.

Mémoires d'espoir

De Gaulle vu par...

Combattant des deux guerres, artisan de la décolonisation, de Gaulle a vécu tous les conflits du siècle. Rien d'étonnant qu'il ait suscité des passions fidèles ou haineuses vécues successivement ou même simultanément selon les partis choisis ou les lieux de combat rencontrés.
La résistance même est partagée : tandis que les compagnons de Londres sont subjugués, le peuple de l'ombre s'inquiète des lendemains politiques. Favorables ou hostiles, les témoins sont tous frappés de sa «présence»; mais très rares sont ceux qui ont vécu dans l'intimité de ses éclats de rire.

Pétain, Un officier brillant et vaniteux

1913, Le colonel Pétain commande le 33e RI d'Arras, auquel le sous-lieutenant de Gaulle est affecté à sa sortie de Saint-Cyr. Notation du chef :

1913. 1er semestre. Sorti de Saint-Cyr avec le n° 13 sur 211. S'affirme dès le début comme un officier de réelle valeur qui donne les plus belles espérances pour l'avenir. Se donne de tout cœur à ses fonctions d'instructeur. A fait une brillante conférence sur les causes du conflit dans la péninsule des Balkans.

1913. 2e semestre. Très intelligent. Aime son métier avec passion. A parfaitement conduit sa section aux manœuvres. Digne de tous les éloges.

1916. Blessé, de Gaulle est laissé pour mort sur le terrain. Pétain rédige sa citation à l'ordre de l'armée.

Le capitaine de Gaulle, commandant de compagnie, réputé pour sa haute valeur intellectuelle et morale, alors que son bataillon, subissant un effroyable bombardement, était décimé et que les ennemis atteignaient la compagnie de toutes parts, a enlevé ses hommes dans un assaut furieux et un corps à corps farouche, seule solution qu'il jugeait compatible avec son sentiment de l'honneur militaire. Est tombé dans la mêlée. Officier hors de pair à tous égards.

5 juin 1940. De Gaulle entre au gouvernement. Le général Spears interroge Pétain, qui est alors vice-président du conseil.

Cette nomination de De Gaulle n'est pas faite pour arranger les choses. Vous le connaissez?

– Non, mais je croyais qu'on en disait grand bien. Est-ce qu'il n'a pas très bien réussi dans son commandement de la division blindée, devant Abbeville?

– Il croit tout savoir sur le mécanisme de la guerre. Sa vanité lui fait croire que l'art de la guerre n'a pas de secret pour lui. On dirait qu'il l'a inventé. Je sais tout sur lui. Il a été dans mon état-major et a écrit un bouquin ou, plutôt, il a écrit ce que je lui ai dit d'y mettre. Je lui ai donné les directives et l'ai corrigé, je l'ai même annoté de ma main. Quand il l'a publié, il n'a même pas fait mention de ma contribution. Non seulement il est vaniteux, mais il est ingrat. Il a peu d'amis dans l'armée. Ce n'est pas surprenant, il a toujours l'air de regarder les gens de son haut. A Saint-Cyr, on l'appelait le Connétable.

Paul Reynaud introduit de Gaulle dans le sérail politique

1934. Je vis entrer dans mon cabinet un haut lieutenant-colonel de chasseurs à pied. Il y avait, dans les mouvements de ce grand corps, une tranquille assurance que confirmait le regard de ses yeux bruns profondément enchâssés dans leurs orbites. [...]

A ses premiers mots sur le «rapetassage» d'un système militaire vieilli et caduc que nous offrait le gouvernement, sous les espèces d'un simple allongement de la durée du service militaire, on sentait en lui une lassitude résignée, au souvenir des démonstrations tant de fois faites à des personnages qui ne voulaient pas comprendre.

Mais une fois engagé dans la démonstration, parlant sur un ton uni, avec une voix d'une douceur surprenante dans ce grand corps, il imposait sa conviction. Lorsqu'il tendait en avant la pointe de son visage, en écartant lentement ses deux avant-bras, on le sentait pénétré d'une évidence irrésistible. Il était imprégné de ce mot de Hamlet qu'il avait écrit en exergue de son livre *le Fil de l'épée* : «Etre grand, c'est soutenir une grande querelle.»

Reynaud, président du Conseil, le fait entrer dans son ministère.

J'ai déjà dit que tout le mérite de mon contre-projet de 1935 lui revenait. Au cours des conversations que nous avions eues depuis lors, j'avais apprécié chez lui une hauteur de vues qui lui permettait de dominer les sujets techniques. Sa nomination déplut à Pétain, qui me raconta une histoire de livre fait en commun. Elle déplut davantage encore à Weygand.

–«Quel grief avez-vous contre lui? demandai-je à ce dernier.

– C'est un enfant.»

Le soir même, je demandai au général de Gaulle :

«Quel âge avez-vous?

– Cinquante ans.»

Le grief de Weygand ne laissait donc pas d'être étrange, car, s'il était vrai que le général de Gaulle fût, alors, le plus jeune général de l'armée française, il n'en restait pas moins qu'à son âge il y avait déjà quatre ans que Napoléon était arrivé au terme de sa carrière.

D'après Simone Servais,
Regards sur De Gaulle
Plon, 1990

François Jacob, futur prix Nobel de biologie, passe en Angleterre en 1940. Il a dix-huit ans.

Pendant cette marche à travers Londres, après mon engagement, j'avais retrouvé l'une des marottes de mon enfance. Comme autrefois, je m'étais mis à ruminer, au rythme de mon pas, sur le thème de ce nom : Gaulle, Gaule, goal, Gogol, Gaugaulle, goménol, Goth, Gotha, gothique, Golgotha, Golgothique, Gaullegotha, Gaullegothique. J'attendais donc une sorte de monument gothique. Et ce fut bien un personnage gothique que je découvris quand, flanqué d'un aide de camp, marchant à grandes enjambées, le Général arriva devant les troupes assemblées. Les clairons. Les drapeaux. Les hommes au garde-à-vous. C'était la France même qui se dressait dans ce coin d'Angleterre. On en avait la chair de poule.

Brève allocution du Général. Impressionnant personnage. Immense, avec un nez immense, des paupières lourdes, la tête rejetée en arrière. Debout, les jambes légèrement écartées, il avait la majesté d'une cathédrale gothique. La solidité d'un pilier gothique. Avec des gestes lents et gauches qui dessinaient des ogives gothiques, des arcs, des vaisseaux, des portails gothiques. Sa voix même, profonde, hachée, semblait ricocher sous des voûtes, comme un chœur au fond d'une nef gothique. Il parla. Il fulmina. Il tonna contre le gouvernement Pétain. Il dit les raisons d'espérer. Il prophétisa. Il brassa le monde, les armées, les forces, les peuples. Il dessina les phases à venir de la guerre, les moments difficiles, la victoire finale, inéluctable. Il décrivit la nécessité de la présence française, des troupes françaises sur tous les champs de bataille. Il nous promit des combats, des victoires. La victoire. Puis le Général repartit à grands pas. «Un comme ça, j'en ai encore jamais vu», me dit Roger le soir. Il avait la même impression que moi. L'impression que de Gaulle était, au-delà de toute espérance, l'homme de la situation.

François Jacob,
La Statue intérieure,
Odile Jacob / Seuil, 1987

La lettre d'un résistant

Jacques Bingen, délégué général pour la zone sud, est mort en mai 1944. Dénoncé, arrêté, il avale une pilule de cyanure pour ne pas parler. Un mois auparavant, il avait écrit cette lettre émouvante qui dit son bonheur dans la Résistance et ses craintes quant au style de gouvernement de «Charles».

J'écris ce soir ces quelques pages parce que, pour la première fois, je me sens réellement menacé, et, qu'en tout cas, les semaines à venir vont apporter, sans doute au pays tout entier, et certainement à nous, une grande, sanglante et, je l'espère, merveilleuse aventure. Au cas où après la libération, je ne pourrais me faire entendre, je veux que ce papier apporte à quelques-uns le «point» de quelques-unes de mes réflexions récentes et actuelles.

Sophie [Claude Bouchinet-Serreulles], Jacqueline [Citroën] et Chaban sauront, chacun pour sa part, transmettre aux intéressés les parties de ce papier qui les intéressent.

Je désire, sur le plan moral, que ma mère, ma sœur, mes neveux, ma nièce – celle-ci le sait déjà et en sera témoin – ainsi que mes amis les plus chers, hommes et femmes, sachent bien combien j'ai été prodigieusement heureux durant ces huit derniers mois. Il n'y a pas un homme sur mille qui, pendant huit jours de sa vie, ait connu le bonheur inouï, le sentiment de plénitude que j'ai éprouvé en permanence depuis huit mois.

Aucune souffrance ne pourra jamais retirer l'acquis de la joie de vivre que je viens d'éprouver si longtemps. [...]

Maintenant, j'ai aussi le droit et le devoir de souligner ce que j'estime des fautes lourdes, qui ont certes des excuses mais qui n'en comportent pas moins de graves responsabilités sur le plan moral et sur le plan matériel.

D'octobre à avril, ni le Comité, ni les services spécialisés, ni les services «amis» n'ont rempli le minimum de leur devoir. En six mois, il n'y a pas eu un seul départ de France par les moyens qu'ils avaient seuls la charge et le devoir de faire fonctionner.

En six mois, je n'ai – et quand j'écris «je» c'est que je parle pour moi, à titre d'exemple – pas reçu ou expédié un seul courrier complet dans les délais normaux et par voie normale. Bien plus, aucun des nombreux arrivants ne m'a jamais apporté une seule lettre privée depuis le mois de novembre.

Jamais je n'ai reçu un mot de réconfort, jamais une lettre (ou un câble) d'encouragement officielle ou officieuse. Je n'ai pleinement senti et apprécié cette carence scandaleuse et inhumaine qu'en recevant tout récemment [...] une note officielle assez directe et cordiale de George B[oris].

C'est à la carence des services dont c'est la tâche n° 1, sinon la seule, qu'est due la chute d'amis ou de camarades nombreux que je n'énumérerai pas ici car la liste risque de s'allonger d'un jour à l'autre. C'est à cette carence qu'ont été dues mes principales difficultés, ici, et notamment la scandaleuse castration sur place, dans le danger, des principaux envoyés d'A[lger] et de L[ondres]. Jamais je n'ai reçu une seule lettre officielle ou personnelle de Merlin [E. d'Astier] [...]. Et je ne parle pas de Passy car de lui je n'attendais rien que des difficultés.

Enfin je déclare le rappel de Sophie scandaleux et scandaleuse aussi la nomination de 4*tus* [Parodi], non pas en soi, mais Sophie non entendu alors que seul il connaissait quelque chose de quelque chose. Scandaleux le traitement de Polygone [Bourgès-Maunoury], le meilleur de vos hommes; scandaleuses les conditions de l'envoi d'un Oronte novice avec des instructions bâclées, odieuses, pas à jour, et qui auraient mérité que j'arrête aussitôt mon travail si je n'avais eu de mon devoir un sens élevé que l'on acquiert ici mais pas dans les bureaux. [...]

Enfin, m'adressant à Charles (à qui il faut montrer ce qui précède) je le mets en garde contre trois graves erreurs qui risquent de coûter cher, non seulement à lui (c'est son affaire) mais à la France qui espère en lui.

1° Contrairement à ce que pense Charles, le choix des hommes a une importance extrême et ce bon choix, minutieux, révisable, patient, est le devoir n° 1 et la charge d'un vrai chef. Un homme n'en vaut pas un autre! Tous ne sont pas également méprisables. La «fidélité» n'est pas toujours un signe de dévouement vrai.

2° On ne peut pas être novateur, «révolutionnaire», et être obnubilé par les titres officiels comme l'est Charles. Un général, un évêque, un ambassadeur, un conseiller à la Cour des comptes, un ancien ministre... méritent tout au plus un préjugé favorable, et cela dans certains postes et pas dans tous. Ni Staline, ni Hitler, ni d'autres n'auraient

eu leurs réussites même temporaires s'ils avaient été «embourgeoisés» dans le fond de leur âme comme l'est encore Charles. Attention, c'est très grave.

3° Que Charles ne se croie pas attendu comme le Messie. Certes, il sera, à juste titre, très bien reçu ici, et les espoirs de millions de Français et Françaises sont attachés à ce qu'il fera. Mais son crédit n'est pas illimité, loin de là. Qu'il se méfie et soit humain, en politique intérieure comme en politique extérieure et dans le choix de son entourage. Gare aux fidèles dociles qui ne sont que d'ambitieux roublards et sans valeur. Ils peuvent le faire vite culbuter. [...]

Ce papier ne verra peut-être jamais le jour, si je survis à la tourmente prochaine. J'ai foi que la France sera digne de ses grandes traditions dans les mois à venir; chaque homme est petit, presque toujours médiocre; mais le militant renferme des trésors d'héroïsme; et en équipe tous ces hommes courageux forment un puissant levain d'où peut sortir une France nouvelle, si Charles sait l'animer par un bon choix de ses amis et collaborateurs, par un amour humain de notre pauvre patrie.

Je n'ai rien d'autre à ajouter ce soir.

Espoir (spécial Jacques Bingen),
n° 48, 1984

Claude Mauriac, secrétaire de l'après-guerre

Fils de François Mauriac, Claude raconte dans son journal le départ de janvier 1946.

Il m'offrit une cigarette et me fit asseoir. J'osai lui dire que l'épaisse couche de boue séchée dont ses larges semelles étaient revêtues me faisait plaisir à voir, car je savais combien il avait souffert de sa réclusion. Il évoqua sa bonne promenade de l'après-midi (au cours de laquelle, devait me dire Claude Guy plus tard, il avait chanté avec allégresse) et en vint tout de suite à mes occupations présentes. «Voulez-vous rester avec moi?» Et, comme j'acquiesçais, il m'expliqua que j'aurais: 1° à répondre comme par le passé à sa correspondance et à préparer des lettres à sa signature; 2° à l'aider à dépouiller et, éventuellement, à mettre en forme toutes ses archives historiques depuis juin 40; 3° «comme vous lisez beaucoup», à le tenir au courant des articles et ouvrages qui me paraîtraient mériter son attention, surtout des textes le concernant. «Je ne parle pas de la presse quotidienne», précisa-t-il, en accompagnant cette phrase d'un commentaire dédaigneux.

Il me remit une chemise bourrée de lettres (à laquelle Claude Guy devait ajouter trois épaisses enveloppes de très grand format contenant le reste de la correspondance arrivée depuis le 21 janvier). Puis, lorsque nous eûmes mis au point quelques derniers détails matériels, il me demanda «ce qu'on disait...». Je m'en remis prudemment sur mes quinze jours de lit et le renvoyai à cette presse qu'il avait sans doute lue comme moi. Et ce fut lui qui parla, rayonnant d'une satisfaction pour le moins inattendue, mais si franche et sereine qu'on ne songeait bientôt plus à trouver anormal cet optimisme, au premier abord déconcertant.

– Comme j'ai bien fait de m'en aller, hein! Et de partir sans rien dire. Ils attendaient des explications... mais puff... Plus personne... Tout est déjà oublié des circonstances qui pouvaient rendre cette démission critiquable...»

Et de rire, les yeux plus ironiques que jamais, le visage lumineux de calme orgueil et de sûreté de soi. De nouveau,

j'étais inquiet. L'impression donnée était celle de l'inconscience. Mais tout de suite la puissance de sa personnalité changeait en admiration cette appréhension. Comment lui résister – et, lui cédant, comment douter de lui? Je hasardai toutefois que les choses allant, pour la France, de plus en plus mal, les gens étaient de plus en plus inquiets: «Eh! tant mieux, ça leur fera du bien...» Une fois encore, j'étais scandalisé. J'entendais ce qu'il voulait dire, mais cela me choquait qu'il semblât plus penser à lui-même qu'à la France. C'était oublier qu'il s'identifie à la France dans la mesure où il se considère comme étant, de la France, l'ultime et seule chance.

Il me reconduisit à la porte. Dans la pièce voisine, Mme de Gaulle feuilletait des revues, attendant mon départ pour entrer.

Un autre de Gaulle,
Hachette, 1970

De Gaulle en procès

Condamné à mort par Vichy, accusé de bonapartisme par les chefs de partis ou de mensonge par les défenseurs de l'Algérie française, de Gaulle a aussi désorienté ses meilleurs partisans par son style de commandement. Il faut donc distinguer les procès faits à l'homme de ceux faits à sa politique.

L'armistice

Le général de Gaulle a-t-il vraiment la nature d'un père? Après la Libération, s'est-il montré soucieux de rassembler tous ses enfants dans sa maison? Réponse : cent mille inculpations, beaucoup de condamnations iniques, une opposition persistante à l'amnistie. A-t-il géré en bon père de famille les deniers de l'Etat? Réponse : il a déclenché la course des salaires et des prix, entraînant ainsi le franc à la ruine. Si l'on voulait suivre la métaphore, il faudrait donc dire : père impitoyable, plus digne de crainte que d'amour, et père prodigue, qui devrait être pourvu d'un conseil judiciaire. Mais le malentendu est peut-être plus profond.

Le général de Gaulle estime que son rôle dans la participation de la France à la victoire alliée a été décisif et qu'il a ainsi rétabli la France dans sa situation de grande puissance. D'autres pensent que s'il n'avait pas existé, la rentrée de l'armée d'Afrique dans la guerre se fût faite à la même date et plus facilement. A leurs yeux, le rôle de Charles de Gaulle a été plus important dans la politique intérieure que dans la politique extérieure de la France. Il a, en effet, créé une division artificielle des Français, qui a plus affaibli la France que sa participation à la victoire ne l'a renforcée. (C'est pourquoi le relèvement des vaincus allemands et italiens a été plus rapide que le sien.) Enfin, tout en appréciant à sa juste valeur l'intuition qui a fait entrevoir au Général, en juin 1940, la possibilité d'un retournement de la situation militaire, ils jugent inopportunes les conséquences qu'il prétendait alors en tirer. De 1940 à 1942, disent-ils, l'armistice a rendu service à la France, et même à ses alliés. En restant sur le sol de la France vaincue, le gouvernement Pétain a pu limiter l'occupation ennemie, la rafle des prisonniers, les privations de la nation et même l'inévitable «collaboration» économique avec le vainqueur. [...]

Une nation privée de sa pleine liberté a-t-elle intérêt à accepter, pour l'exploiter au mieux, une demi-liberté qu'on lui offre? Telle était la question posée à la France vaincue. La réponse du pays fut positive. L'immense majorité des citoyens reprenait alors contre les nouveaux «émigrés» la parole de Danton : «On n'emporte pas sa patrie à la semelle de ses souliers.»

Novembre 1942 vint transformer le problème. L'armistice était rompu, la demi-liberté n'existait plus, l'espoir d'une libération totale se précisait. Le gaullisme en a profité pour répandre l'idée que la décision de juin 1940 avait été criminelle. Rien n'autorise une telle appréciation, que le pouvoir absolu de 1945 n'a même pas réussi à faire endosser par une justice dévouée à ses ordres. [...]

Même si celui-ci [le pouvoir local] est excommunié de l'étranger par un gouvernement «régulier», le sort immédiat du peuple dépend effectivement de lui. Cependant, s'il n'arrive pas à se faire reconnaître une véritable autonomie, il sombre lui aussi dans une sorte d'irréalité. Finalement, tout dépend de la longueur de la période d'épreuve et de l'évolution de la situation générale pendant cette période. Aucune disposition constitutionnelle ne suffira jamais à résoudre de telles difficultés.

Les résistants «républicains» s'effraient maintenant de voir le général de Gaulle disposer, pour l'avenir, des pouvoirs qu'ils auraient voulu lui attribuer il y a dix-huit ans. De nos jours, les situations exceptionnelles deviennent courantes. Ceci convient à merveille au Général. Jeune officier déjà, «de la rive où le fixaient les jours ordinaires» il attendait anxieusement «la houle de l'Histoire». Il a toujours rêvé d'incarner la France au cours de grandes catastrophes. Maintenant, il s'en est fait donner le droit par écrit. La guerre d'Algérie menace aujourd'hui «l'intégrité du territoire» et donne prétexte à des condamnations «pour atteinte à la sûreté extérieure de l'Etat». Le général de Gaulle (ou un général successeur) pourrait s'en autoriser pour revendiquer sans plus attendre les pouvoirs de l'article 16.

Alfred Fabre-Luce,
Gaulle deux,
Julliard, 1958

L'Algérie française

Les partisans de l'Algérie française additionneront les nostalgiques de Vichy et les déçus du 13 mai. Jacques Soustelle symbolise l'amour déçu d'un ancien fidèle.

J'ai été et demeure fidèle au de Gaulle des années 40 et à ce que signifia alors le gaullisme : le sursaut national de la Résistance, la restauration de la république, l'intégrité du territoire et la souveraineté française maintenues envers et contre tout. C'est pour cela que je ne puis suivre le de Gaulle d'aujourd'hui, celui qui fut porté au pouvoir par l'élan de fraternité des 13 et 16 mai pour sauver l'Algérie, et qui a trahi les espoirs placés en lui; celui qui soumit au peuple français une constitution démocratique pour installer peu après sur ses ruines un pouvoir absolu; celui qui, dévoilant peu à peu sa pensée, trompant tout le monde en commençant par ses amis, reniant toutes ses promesses, désavouant toutes ses paroles, liquide le patrimoine national et étrangle la liberté.

Tout se passe comme si le de Gaulle que nous avons connu était mort, à Colombey-les-Deux-Eglises, entre 1951 et 1958. Nous avons ignoré ou sous-estimé l'alchimie de la retraite, la corrosion de la solitude, du mépris, de l'ambition. Comme par une opération de magie noire, un nouveau de Gaulle a surgi, avec le même nom et le même visage, mais décidé à tout pour régner, prêt à tout sacrifier, à tout détruire.

Peut-être cet affreux processus n'était-il pas encore achevé au 13 mai 1958. Peut-être – ceux qui l'ont entendu à Bône, à Mostaganem en ont eu l'impression – qu'il palpitait encore en lui une étincelle de sincérité lorsqu'il saluait l'Algérie française miraculeusement rassemblée sous le grand soleil avec ses burnous et ses oriflammes. Hélas! S'il en fut ainsi, cela ne devait pas durer; nous n'avons plus connu ensuite que les paroles à double sens, le scepticisme glacé, le pessimisme desséchant, la raillerie aux dépens du malheur, enfin le déchaînement de la colère.

Au point où en sont parvenus aujourd'hui le régime et son chef, on est en plein nihilisme. Il n'y a, à la lettre, plus rien : gouvernement, parlement, syndicats, tout est réduit à l'insignifiance. Le Guide dialogue avec Son peuple entre deux haies de gendarmes et, peut-être, avec Dieu.

Que cela doive finir mal, très mal, pas de doute. Les prisons regorgeant de détenus, les arrestations arbitraires, l'armée divisée et concassée, le désarroi partout, sont des symptômes du mal qui ronge l'Etat. Ce mal vient avant tout de ce que personne ne peut plus avoir confiance en personne dès lors que le suprême garant érige en principe le

mépris de la parole donnée. De là procède une crise générale; personne ne peut savoir de quoi demain sera fait, car le Maître, s'il le sait, ne le dit pas, et s'il le dit ne peut plus être cru parce qu'il s'est trop souvent démenti.

De ce point de vue, le drame de l'Algérie, si terrible qu'il soit, n'est qu'un aspect d'une tragédie française plus ample encore. La France sortira, quoi qu'il arrive, de l'expérience gaullienne plus affaiblie, plus divisée, plus malade moralement qu'elle ne le fut jamais. […]

Le régime actuel est condamné, personne n'en doute. La meilleure preuve en réside dans les manœuvres prudentes que certains personnages de ce régime, parmi les plus «politiques», esquissent depuis quelque temps pour se dédouaner en cas de malheur et poursuivre sous la VIe République une carrière commencée sous la IVe pour s'épanouir sous la Ve. La seule question qui se pose est de savoir si ce régime aura eu le temps de tout liquider et de faire la terre brûlée avant de disparaître, ou s'il s'effondrera en laissant encore quelque chose à sauver.

C'est le secret du destin. C'est aussi là qu'intervient, de façon chaque jour plus décisive, l'Algérie elle-même, encore souffrante mais désormais militante.»

L'Espérance trahie,
Editions de l'Alma, 1962

Dans le «Canard enchaîné», André Ribaud imite Saint-Simon

Le roi n'était jamais plus superbe à considérer que dans les conjonctures de deuil des cours étrangères. Il n'avait pas son pareil pour orner la pompe funèbre des autres grands de l'univers.

En novembre 1963, le jour même où le roi entra dans sa soixante-quatorzième année, Kennedy mourut, assassiné. La consternation de ce meurtre fut vraie et générale. Elle pénétra toutes les terres, toutes les cours, tous les cœurs. Les peuples pleurèrent un héros que son allante jeunesse leur avait captivé; les souverains regrettèrent un prince que les capacités de son esprit et la puissance de ses Etats avaient rendu le modérateur craint et révéré des nations.

Le roi avait toujours dérangé obstinément les desseins du feu président, qui n'avait pas moins constamment traversé les siens, toutes les affaires du monde, sans presque l'exception d'aucune, faisant schisme entre eux. Mais le coup de tonnerre de Dallas lui arracha les plus pompeux accents d'un chagrin funéraire. Il prit incontinent le deuil, se mit sur son grand ton, dépêcha de nobles compliments de condoléances, publia, montrant le tuf tout militaire de son personnage, que Kennedy était «mort comme un soldat» (comme si ce n'était point un assez grand trait de vertu de mourir comme un citoyen).

Les premières civilités faites, le roi passant au-dessus de toute coutume en faveur de la douleur publique, déclara brusquement sa résolution d'aller draper à Washington et d'y être présent aux funérailles. La considération de la bienséance lui conseillait ce voyage, l'intérêt de sa couronne le lui persuadait, le soin de sa renommée le lui commanda. Le roi pensait que la fin funeste de feu président avait changé la face de l'univers : Kennedy tragiquement péri, Konradin et Macmillan à bout de voies, écartés des affaires, tous trois remplacés à la chaude et comme de plein saut par autant de néophytes qui n'avaient pas encore le maniement expérimenté de l'Etat, et lui surnageant seul au milieu de la tempête de ces tumultueux changements. Les temps semblaient venus de la prépotence française sur les affaires de l'Occident. En allant à Washington rendre les pieux devoirs de la bienséance, c'est son air de maître nouveau des conjonctures que le roi allait aussi faire admirer.

Aux obsèques, il s'empara du premier rang des princes du deuil et ne le quitta pas. Les étranges lucarnes le montrèrent marchant d'un pas conquérant derrière la dépouille, y resplendissant et y éclipsant par son être et par sa posture tout ce qui l'environnait. Son retour à Paris le même jour enflamma la Cour et y porta l'esprit de courtisanerie à un comble encore inconnu. Toutes les machines de la propagation du culte de la majesté royale se mirent, et non d'hasard, mais de concert et par un ordre supérieur, en grand et tapageur mouvement. L'indécence de saisir l'occasion d'un malheur public pour encenser le roi ne ralentit point l'ardeur des principaux de la courbette. On joignit les incantations de la goétie aux artifices de la flatterie. On décela jusque dans les plus bas détails des intersignes de l'importance augmentée du roi.

Le coup d'État permanent

Avec «Le Coup d'État permanent», en 1964, et sa candidature en 1965, François Mitterrand s'impose comme le challenger en poussant très loin la comparaison avec le bonapartisme.

Il existe dans notre pays une solide permanence du bonapartisme où se rencontrent la vocation de la grandeur nationale, tradition monarchique, et la passion de l'unité nationale, tradition jacobine. Le gaullisme de 1958 n'eut pas de peine à rassembler les éléments épars, à refaire la synthèse recherchée par les amateurs du pouvoir personnel. La faiblesse et la désunion des républicains firent le reste. Mais à de Gaulle il fallait davantage. Comme le premier des Bonaparte il ne voulait tenir la couronne que de lui-même et l'arracha des mains qui l'offraient à son front. Comme le second des Bonaparte il ne désirait qu'un seul consentement au geste omnipotent, le consentement populaire. Dûment conditionné par les recettes éprouvées du plébiscite napoléonien, le suffrage universel opina. Cette manière de sacre que fut pour lui le référendum constitutionnel vingt ans après, ou presque, son entrée dans l'Histoire, je suis sûr que de Gaulle en a violemment ressenti la signification. Pour la première fois la légalité semblait s'attacher à son char, sourire à sa fortune. Le rôle auquel le voue un destin singulier, complaisant et cruel, du soldat qui force les portes et qui viole les lois n'est pas celui qui lui convient. Il aime le pouvoir mais n'en jouit qu'à demi à la pensée que la postérité pourrait lui contester à lui, maître d'occasion, le droit qu'elle reconnaît aux monarques garantis par une dynastie et aux démocrates élus par leur village. C'est pourquoi la contestation qu'éleva l'infime minorité de républicains qui refusa de voir dans son avènement autre chose que l'accomplissement d'un banal coup d'État dérangea sa sérénité. A cette opposition si seule, si peu écoutée, mais qui se recommandait d'un principe qui ruinait le sien, il prêta une importance sans rapport avec son influence visible. A ceux qui la composaient il réserva ses plus méchants traits et le cas échéant ses plus mesquines manœuvres. Pour diminuer leur autorité morale et blesser leur honneur le choix des moyens ne l'arrêta guère. Reprochera-t-on ces petitesses à cet homme doué de si grands mérites? Capitaine entraîné au danger il sait d'instinct où sont ses véritables antagonistes. Quiconque moque sa «légitimité profonde» sape son système au bon endroit, en ses plus fragiles jointures, ôte à son régime ses vraies raisons de durer. Quiconque rappelle que les parrains de sa restauration se nomment Soustelle et Salan et ramène ainsi le débat sur les origines du gaullisme seconde manière (comme on dit le «Second Empire») aux obscures rivalités de conjurés au talent inégal mais d'égale ambition l'exaspère. De cette mêlée confuse de Gaulle veut à tout prix se dégager. Il lui faut pour cela récrire l'histoire de son 2 décembre et rattraper le fil de la gloire neuve et pure qui dora ses premiers combats. Ce passionné du pouvoir absolu souffre qu'on nomme ce pouvoir dictature… D'où l'entêtement presque douloureux qu'il montre à exhiber les faux papiers de la Ve République. [...]

Sous ma plume s'est glissé le vocable de «dictature». De Gaulle serait-il un dictateur? Je ne cherche pas à l'abaisser en le plaçant dans une rubrique où ma génération s'est habituée à ranger pêle-mêle Hitler et Mussolini, Franco et Salazar, Staline et Pilsudski. Mais si de Gaulle n'imite personne, ne ressemble à personne sinon, à la rigueur, à un Louis-Napoléon Bonaparte qu'habiteraient les vertus bourgeoises de Louis-Philippe Ier, ce qui serait plutôt rassurant, le gaullisme, lui, porte des stigmates qui ne trompent pas. Son évolution évoque, avec une totale absence d'originalité, aussi bien les velléités des plus plates, des plus ternes, des plus molles dictatures, telle celle qu'à Vichy, sous couleur d'ordre moral, le maréchal Pétain infligea aux Français, que l'implacable volonté de puissance des consuls d'Occident qui, pour donner le change, s'érigent en défenseurs de la civilisation chrétienne. Mais en appeler au nazisme, au fascisme, dont les crimes ont marqué notre jeunesse, serait excessif. Cette analyse n'a pas besoin du secours de l'exagération pour déceler dans le gaullisme les plus dangereuses virtualités d'une dictature hypocrite en ses commencements, habile à progresser à pas feutrés et que la nécessité révélera soudain dans sa cruelle vérité.

Qu'est-ce que la Ve République sinon la possession du pouvoir par un seul homme, dont la moindre défaillance est guettée avec une égale attention par ses adversaires et par le clan de ses amis? Magistrature temporaire? Monarchie personnelle? Consulat à vie? *Pachalik?* Et qui est-il, lui, de Gaulle? *Duce, Führer, caudillo, conducator,* guide? A quoi bon poser ces questions? Les spécialistes du droit constitutionnel eux-mêmes ont perdu pied et ne se livrent que par habitude au petit jeu des définitions. J'appelle le régime gaulliste dictature parce que, tout compte fait, c'est à cela qu'il ressemble le plus, parce que c'est vers un renforcement continu du pouvoir personnel qu'inéluctablement il tend, parce qu'il ne dépend plus de lui de changer de cap.

Le Coup d'Etat permanent,
Plon, 1964

BIBLIOGRAPHIE

I Œuvres de Charles de Gaulle

a) Avant 1940
La Discorde chez l'ennemi, Paris 1924.
Le Fil de l'épée, Paris 1932.
Vers l'armée de métier, Paris 1934.
La France et son armée, Paris 1938.
b) *Discours et messages,* 1940-1969, 5 tomes, Paris 1970.
c) Mémoires
Mémoires de guerre, 3 tomes, Paris 1954, 1956, 1959 : *L'Appel,* 1940-1942; *L'Unité,* 1942-1944; *Le Salut,* 1944-1946.
Mémoires d'espoir, 2 tomes, 1970-1971 : *Le Renouveau,* 1858-1962; *L'Effort,* 1962-...
d) *Lettres, notes et carnets,* 12 tomes, Paris 1980-1987.

II Les témoins

André Astoux, *Le Temps de l'oubli,* Paris 1974.
Pierre-Louis Blanc, *De Gaulle au soir de sa vie,* Paris 1989.
René Cassin, *Les Hommes partis de rien,* Paris 1975.
Maurice Couve de Murville, *Une politique étrangère,* Paris 1971.
Michel Debré, *Trois Républiques pour une France,* 3 tomes, Paris 1984, 1988.
André Malraux, *Antimémoires,* Paris 1967; *Les chênes qu'on abat,* Paris 1971; *Le Miroir des limbes,* Paris 1974.

Claude Mauriac, *Un autre de Gaulle,* Paris 1970.
Georges Pompidou, *Pour rétablir une vérité,* Paris 1982.
Simone Servais, *Regards sur de Gaulle,* Paris 1990.
Jacques Soustelle, *Envers et contre tout,* Paris 1951.

III Ouvrages généraux

Jean-Pierre Azéma, *De Munich à la libération de Paris, 1938-1944,* Paris 1979.
Serge Bernstein, *La France de l'expansion, 1958-1969,* Paris 1989.
François Goguel, *Chroniques électorales,* 2 tomes, Paris 1983.
Jean Lacouture, *De Gaulle,* 3 tomes, Paris 1984-1986.
Jean-Pierre Rioux, *La France de la quatrième République,* 2 tomes, Paris 1980-1983.
Pierre Viansson-Ponté, *Histoire de la République gaulliste,* 2 tomes, Paris 1970-1971.

IV Ouvrages illustrés

Jacques Chaban-Delmas, *Charles de Gaulle,* Paris 1980.
Charles-Louis Foulon, *Charles de Gaulle, un siècle d'histoire,* Paris 1990.
Amiral Philippe de Gaulle, *De Gaulle,* Paris 1989.
Pierre Lefranc, *De Gaulle, un portrait,* Paris 1989.

LIEUX DE MÉMOIRE GAULLISTE

L'Ordre de la Libération a son siège aux Invalides où se trouve aussi son musée. C'est un ordre qui a été ouvert par le général de Gaulle et clos à son départ de janvier 1946. Pour que l'esprit de la Libération survive à la mort des hommes, quatre villes ont été nommées «Compagnons de la Libération» : l'île de Sein, Grenoble, Paris, Strasbourg.

La maison de La Boisserie, à Colombey-les-Deux-Eglises, accueille les visisteurs, qui peuvent aussi se rendre au mémorial où a été construite une croix de Lorraine.

L'Institut Charles-de-Gaulle est chargé de la défense de la mémoire et de l'œuvre du Général. Composé de collaborateurs qui ne se sont pas présentés aux élections, il arrête son action à l'année 1969.

TABLE DES ILLUSTRATIONS

COUVERTURE

1er plat h et m Charles de Gaulle dans la cathédrale de Quimper, le 2 février 1969.
1er plat b De Gaulle en 1944.
Dos Croix de Lorraine.
4e plat Affiche de propagande gaulliste pour les élections du 28 septembre 1958. Bibliothèque nationale, Paris.

OUVERTURE

1 De Gaulle au micro de la BBC, le 18 juin 1940. Institut Charles-de-Gaulle, Paris.
2 De Gaulle et Winston Churchill pendant un défilé de troupes à Marrakech, en janvier 1944.
3 De Gaulle et Leclerc à la gare Montparnasse, le 25 août 1945. Imperial War Museum, Londres.
4/5 Le «V» de la victoire devient celui de la Ve République. Le Général lors d'un voyage en Vendée, en 1965.
6 De Gaulle pendant une conférence de presse, en novembre 1959, à l'Elysée.
7 De Gaulle en Irlande, en 1969.
9 Portrait de De Gaulle, extrait d'un calendrier représentant les chefs d'Etat vainqueurs.

CHAPITRE I

10 Charles de Gaulle dans la classe de son père, en 1907. Coll. Amiral de Gaulle.
12g Henri de Gaulle, père du général, vers 1886, date de son mariage. Idem.
12d Jeanne de Gaulle, vers 1890. Idem.
12-13 Xavier, Marie-Agnès, Charles, Jacques et Pierre de Gaulle à Lille, en 1899 ou 1900. Idem.
14h Affiche ordonnant la mobilisation générale, le 2 août 1914.
14b Charles de Gaulle en 1910, à Saint-Cyr. Coll. Amiral de Gaulle.
15h Un civil offre à boire aux soldats. Archives Larousse, Paris.
15b L'adieu des femmes aux mobilisés. Idem.
16 A trente mètres de l'ennemi, dans les tranchées de la forêt d'Apremont, 23 janvier 1915. Bibliothèque des Arts décoratifs, Paris.
17 Transport des gamelles sur le front de la Somme, en 1916, peinture de François Flameng. Musée de l'Armée, Paris.
18/19 Entre l'Yser et Bixchaete, le 31 juillet 1917, peinture de François Flameng. Idem.
20 Intérieur d'un char, modèle Saint-Chamond, en 1916. Archives Larousse, Paris.
20-21h Char d'assaut français en 1918, peinture de François Flameng. Musée de l'Armée, Paris.
21b Le capitaine de Gaulle en convalescence, en janvier 1915. Coll. Amiral de Gaulle.
22 Album d'images édité par le chocolat Pupier en 1934.
23h Charles de Gaulle, commandant par intérim en Pologne, en 1919. Coll. Amiral de Gaulle.
23b Yvonne Vendroux, en 1919, à Calais. Idem.
24-25 Yvonne et Charles de Gaulle au Liban, en 1929.
25h Anne de Gaulle et son père sur la plage de Bénodet dans le Finistère, pendant l'été 1933. Coll. Amiral de Gaulle.
25b Philippe de Gaulle à Mayence en 1922. Idem.
26g Couverture de Lectures pour tous, septembre 1931. Coll. part.
26d Couverture de Vers l'armée de métier, 1934. Institut Charles-de-Gaulle, Paris.
26-27 Adolf Hitler en 1933.
28 Revue militaire française, janvier 1934. Ministère de la Défense, Paris.
29h «Du caractère», manuscrit autographe qui deviendra plus tard le deuxième chapitre du Fil de l'épée. Bibliothèque nationale, Paris.
29b Pétain remet la Fourragère aux poilus, le 13 janvier 1919.
30h Brochure du Front populaire, 1936. Bibliothèque nationale, Paris.
30b L'Illustration, 9 mars 1938. Coll. Pierre Bornecque.
31 Paris-Soir, 1er octobre 1938.

CHAPITRE II

32 De Gaulle dans son bureau de Londres, photographie de Cecil Beaton.
33 Protège-livre, 1939. Coll. part.
34g Le Journal, 4 septembre 1939.
34d Léon Blum en 1937.
35h Hitler représenté en loup pour une nouvelle version de la fable de La Fontaine, 1939. Bibliothèque nationale, Paris.
35b De Gaulle et le président Albert Lebrun sur le front, en novembre 1939. Idem.
36/37b Dessins parus dans L'Illustration en 1940 pour accompagner un article intitulé «L'Armée du mouvement». Coll. Pierre Bornecque.
37h Le gouvernement de Paul Reynaud en juin 1940.
38/39 L'exode durant juin 1940.
40 La croix de Lorraine des Forces navales françaises libres. Coll. Pierre Bornecque.
40-41b De Gaulle et Geoffroy de Courcel,

le 26 mai 1940 à Londres.

41h *Mers-el-Kébir*, aquarelle de Marin-Marie. Coll. part.

41bd La francisque. Coll. Pierre Bornecque.

42h De Gaulle au micro de la BBC, le 18 Juin 1940. Institut Charles-de-Gaulle, Paris.

42b «A tous les Français», affiche de l'appel du 18 Juin 1940.

43h Portrait du maréchal Pétain durant son allocution du 19 octobre 1940.

43b Affiche de l'«allocution radiodiffusée» du maréchal. Coll. Pierre Bornecque.

44b Charles et Yvonne dans leur cottage, à quarante kilomètres de Londres.

44/45h La poignée de main de Montoire, le 24 octobre 1940. Coll. Pierre Bornecque.

44-45b Affiche pétainiste où l'on peut lire la fameuse devise du maréchal «Travail, famille patrie». *Idem.*

46/47h De Gaulle inspecte le personnel naval des Forces françaises libres, le 14 juillet 1940, à Londres. Imperial War Museum, Londres.

46m/46b Publicités dans une revue de la France Libre. Coll. Pierre Bornecque.

47bg René Cassin arrive pour la conférence alliée du 24 novembre 1941, au Saint James Palace.

47bd Le gouverneur

Felix Eboué et le Général à Brazzaville, en 1940. Coll. Amiral de Gaulle.

48 Allocution de De Gaulle au stade Eboué en 1940, à Brazzaville.

49g Affiche «N'oubliez pas Oran!». Musée d'histoire contemporaine, Paris.

49d Revue des soldats à Douala, au Cameroun en 1940. Coll. Amiral de Gaulle.

50h Churchill et de Gaulle inspectant les troupes, en 1940.

50-51b De Gaulle chez Georges Catroux, au Liban, en août 1942. Institut Charles-de-Gaulle, Paris.

51g Affiche de la France Libre. Coll. Pierre Bornecque.

51d Portrait de Georges Catroux vers 1940.

52h Le gouvernement français sous la présidence du maréchal Pétain.

52b Affiche pétainiste. Coll. Pierre Bornecque.

53 Illustration parue dans une revue portugaise de la bataille de Santa Cruz en octobre 1942, où les Américains remportèrent la victoire contre les Japonais. *Idem.*

54 Arrivée au Bourget de l'escadrille Normandie-Niémen. L'aviateur Sauvage dans son avion, en juin 1945.

55 Staline en 1945-1946.

56 Le président Roosevelt lors d'une

conférence de presse avant la fin de la guerre.

56/57 De Gaulle passe en revue le premier contingent des volontaires de Saint-Pierre-et-Miquelon, le 28 mars 1942.

58h Le discours de De Gaulle à l'Albert Hall, à Londres, le 11 novembre 1942.

58b L'amiral Darlan, photo publiée dans *L'Illustration* du 15 février 1941. Coll. Pierre Bornecque.

58-59g Bâtiments français sabordés dans la rade de Toulon, fin novembre 1942. Coll. Amiral de Gaulle.

59d Le général Weygand sortant de l'Elysée.

60 De Gaulle décorant des Forces françaises libres en juin 1942.

61 La conférence d'Anfa, le 23 janvier 1942.

62-63 De Gaulle à bord d'une vedette, au large de Weymouth, le 18 janvier 1943. Institut Charles-de-Gaulle, Paris.

63h Affiche de propagande vichyste en 1943. Musée d'histoire contemporaine, Paris.

63b Portrait de Jean Moulin.

64b Maquisards dans la neige avec leur radio.

64-65h Affiche annonçant la condamnation à mort de Jacques Bonsergent, le 23 décembre 1940.

65h Portrait de Pierre Brossolette.

65b Affiche de

propagande en faveur de la résistance française. Bibliothèque de Documentation internationale contemporaine, Nanterre.

66h De Gaulle descend d'avion, à Alger, pour rencontrer le Comité français de libération. Imperial War Museum, Londres.

66b Alger. Giraud et de Gaulle se serrent la main, le 30 main 1943. *Idem.*

66/67h Constantine, le 12 décembre 1943.

67b Discours de De Gaulle à Constantine, en mars 1944. Imperial War Museum, Londres.

68 Affiche évoquant la victoire des Nations unies. Bibliothèque de Documentation internationale contemporaine, Nanterre.

69h Débarquement de De Gaulle à Courseulles, le 14 juin 1944.

69b De Gaulle au quartier général de Montgomery, en juin 1944.

70h Barricade dans l'île de la Cité, en août 1944.

70b Forces françaises de l'intérieur à l'affût derrière une traction avant, août 1944.

71g Forces françaises de l'intérieur essayant de déloger un tireur caché dans un immeuble.

71d Retrouvailles à la Libération.

72 La 2e DB en route vers Paris, en août 1944.

73h De Gaulle et Leclerc à la gare Montparnasse, en août 1944. Institut Charles-de-Gaulle, Paris.
73b *Combat*, le 25 août 1944. Coll. part.
74h La foule sur les Champs-Elysées à la Libération, photographie de Henri Cartier-Bresson. Institut Charles-de-Gaulle, Paris.
74b Des Français descendent les Champs-Elysées, photographie de Frank Capa.
75 De Gaulle sous l'Arc de triomphe, le 26 août 1944.

CHAPITRE III

76 *Les Nouvelles du matin*, le 8 mai 1945.
77 De Gaulle dans les rues de Bayeux, en 1946. Imperial War Museum, Londres.
78h Premier conseil des ministres à Matignon, le 2 novembre 1945.
78m Charles de Gaulle serrant les mains des habitants de Coutance, le 10 juin 1945. Institut Charles-de-Gaulle, Paris.
78b De Gaulle saluant les enfants de Colmar, en février 1945.
79 Un adolescent lit un compliment à Charles de Gaulle à Limoges, le 4 mars 1945. Institut Charles-de-Gaulle, Paris.
80 Prise d'armes place de la Concorde, le 2 avril 1945. *Idem.*
80-81b Manifestation

de suffragettes de l'association «La Femme nouvelle».
81h Affiche du Parti républicain radical, vers 1947. Musée d'histoire contemporaine, Paris.
82h Siège du Mouvement de libération nationale, en 1947.
82b Jeu d'enfant, vers 1945. Coll. part.
83 Affiche du Mouvement républicain populaire. Musée d'histoire contemporaine, Paris.
84h Dessin publié dans *L'Humanité* en 1946.
84-85b Edouard Herriot en 1948.
85h Mariage d'Elisabeth de Gaulle, en janvier 1946.
85b La Boisserie en 1949. Coll. Amiral de Gaulle.
86/87 Le discours de Bayeux, le 16 juin 1946. Imperial War Museum, Londres.
87b Maurice Thorez place de la Concorde, le 1er mai 1947.
88h De Gaulle à Marseille, en 1947. Institut Charles-de-Gaulle, Paris.
88b Tract du Rassemblement du peuple français, en 1947.
89 Des sympathisants viennent adhérer au Rassemblement du peuple français en 1947.
90h Pierre Mendès France.
90b Le gouvernement de Pierre Mendès France.
91g Le général de

Gaulle dans le jardin de la Boisserie vers 1948-1950. Coll. Amiral de Gaulle.
91d Madame Philippe de Gaulle, Yves de Gaulle, le Général, Madame Charles de Gaulle et le petit Charles de Gaulle à la Boisserie. *Idem.*
92h La voiture du Général quitte Tindouf, un poste du Sahara algérien. Institut Charles-de-Gaulle, Paris.
92b L'avion du Général, offert par le président Truman. *Idem.*
93 Charles de Gaulle à Tahiti, en 1957. *Idem.*
94b Jacques Massu à Alger, en juin 1958.
94/95 Parachutistes et femmes arabes lors d'une manifestation gaulliste à Alger, le 28 mai 1958.
96h Guy Mollet vers 1956-1957.
96b Manifestations sporadiques pendant le discours de Charles de Gaulle place de la République, en 1958.
97 Une Corse, fervente gaulliste, lors du voyage du Général à Ajaccio. Institut Charles-de-Gaulle, Paris.
98b Charles de Gaulle à Mostaganem, le 5 juin 1958.
98-99 *L'Echo d'Oran*, le 5 juin 1958.
100b André Malraux.
100/101 Discours de De Gaulle place de la République, le 4 septembre 1958.

CHAPITRE IV

102 Portrait officiel du président.
103 La D.S. noire de De Gaulle.
104h De Gaulle au CNRS à Toulouse en 1959. Institut Charles-de-Gaulle, Paris.
104b La Semeuse.
105 Visite de Lacq, le 17 février 1959. Institut Charles-de-Gaulle, Paris.
106 Affiche collée dans la vitrine d'une boulangerie, à Alger. *Idem.*
107h Emeutes à Alger, en décembre 1960.
107b Les CRS repoussent les manifestants à Bougie, Algérie.
108 Septembre 1957. Dans la forêt algérienne, un officier de l'Armée secrète de libération et son unité.
109h Les généraux Zeller, Jouhaud, Salan, Challe, à la fin de l'insurrection, le 28 avril 1961.
109b Alger, des manifestants musulmans passent devant les blindés de la gendarmerie, 11 décembre 1960.
110h *France-Soir*, le 12 avril 1961.
110b Perquisition à Alger, à la suite du putsch d'avril 1961.
111 Quatre attitudes du Général au cours de son discours télévisé en janvier 1960.
112 *Normandie-Rouen.* Coll. Pierre Bornecque.
113h De Gaulle et

Adenauer, lors de l'accord franco-allemand en 1963. Institut Charles-de-Gaulle, Paris.

113m *Libération*, le 27 octobre 1962. Coll. Pierre Bornecque.

113b Affiche pour l'élection du président de la République au suffrage universel.

114h Caricature de Moisan dans *Le Canard enchaîné*.

114b Dessin de Vicky dans le *Evening Standard*.

115 Dessin de Cummings évoquant le refus de De Gaulle de voir entrer la Grande-Bretagne dans le Marché commun.

116g Kennedy et de Gaulle lors de la venue à Paris du président américain, le 31 mai 1961. Institut Charles-de-Gaulle, Paris.

116d De Gaulle à Moscou en 1966. *Idem.*

117h Affiche pour l'élection présidentielle de 1965. Musée de la Publicité, Paris.

117b Berlin, porte de Brandebourg, vue de l'Ouest, quelques jours avant la construction du Mur, en 1961.

118h Le stade de Phnom-Penh, lors de la visite de De Gaulle en 1966. Ministère des Armées, Paris.

118b Caricature de Tim représentant de Gaulle en Moïse brandissant les Tables de la loi.

119 De Gaulle à Montréal en 1967, lorsqu'il lance son célèbre «Vive le Québec libre!».

120 De Gaulle et Pompidou, alors Premier ministre, sur le perron de l'Elysée en 1969.

121h Affiche du second tour de l'élection présidentielle en 1965.

121b Affiche de François Mitterrand, lors des élections présidentielles de 1965.

122 Affiche de mai 1968. Bibliothèque de Documentation internationale contemporaine, Nanterre.

123g Barricade fabriquée lors d'une nuit d'émeute, en mai 1968, au Quartier latin.

123d Dessin réalisé au pochoir par les étudiants, en mai 1968.

124/125h Manifestation de soutien au général de Gaulle, le 31 mai 1968. Au premier rang, au milieu, Michel Debré, André Malraux.

124b Affiche pour le référendum de 1969. Coll. part.

125d De Gaulle de retour de Baden-Baden, en mai 1968.

126 De Gaulle en Irlande, le 19 juin 1969. Institut Charles-de-Gaulle, Paris.

127 Devant l'Elysée, une Parisienne découvre dans le journal l'annonce de la mort du Général.

128 Charles et Yvonne de Gaulle, lors d'un voyage à Quimper, en 1969. Institut Charles-de-Gaulle, Paris.

TÉMOIGNAGES ET DOCUMENTS

129 De Gaulle dépose une gerbe de fleurs au cénotaphe de Londres, le 14 juillet 1940. Institut Charles-de-Gaulle, Paris.

130 De Gaulle dans son bureau de Londres. Imperial War Museum, Londres.

131 De Gaulle à Constantine, en 1943. Institut Charles-de-Gaulle, Paris.

133 La Libération de Paris, en 1944.

134 Nikita Khrouchtchev lors d'une conférence de presse, le 16 mai 1960, à Paris.

137 Churchill et de Gaulle à Orly, le 10 novembre 1944. Institut Charles-de-Gaulle, Paris.

138 Portrait de Hitler avant 1940.

139 De Gaulle visite l'ENA en compagnie de Michel Debré, le 17 novembre 1959.

140 Le général Pétain en 1917.

142 Paul Reynaud.

145 Le capitaine Charles de Gaulle en 1915. Institut Charles-de-Gaulle, Paris.

146 De Gaulle lors de son entretien télévisé avec Michel Droit en 1969.

148 Jacques Soustelle à Alger, en 1958. Institut Charles-de-Gaulle, Paris.

150 François Mitterrand, candidat à la présidence de la République, lors d'une conférence de presse le 21 septembre 1965.

151 De Gaulle en voyage au Canada en 1967. Institut Charles-de-Gaulle, Paris.

152 De Gaulle au Sénégal en 1959.

156 De Gaulle à bord du *Lorraine* en 1954. Institut Charles-de-Gaulle.

158/159 De Gaulle à Manakara, Madagascar, le 15 octobre 1953. Institut Charles-de-Gaulle.

INDEX

A-B-C-D

Adenauer, chancelier 113, *113*, 115.

Appel du 18 Juin 1940 40, *42*, 44.
Auriol, Vincent 86, 88.

Bardoux, Jacques 40.
Bidault, Georges 75, *83*.
Billotte *66*.
Blum, Léon *30*, 31, *31*, *35*, 36, 82, *90*.
Boisdeffre, général de 11.
Boissieu, Alain de *27*, 84, *85*, 109.
Bonnier de la Chapelle 60.
Brossolette, Pierre 61, 65, *65*.

Capitant, René 60.
Cassin, René 40, 46, *47*, 59, 100.
Catroux, Georges 20, 47, *50*, *51*, 52, *66*.
Challe, général *108*.
Churchill, Winston 37, 40, *42*, 49, 50, *50*, *55*, 57, 61, *61*, 79, 137.
Clark, général 60.
Clemenceau 40, 63, 75.
Colombey-les-Deux-Eglises 25, 84, 90, 93, 94, 95, 109, 114, 125, 127, *127*.
Conseils à l'occupé, J. Texier 62.
Coty, René 93, 94, 97, 104.
Coup d'Etat permanent, Le F. Mitterrand *121*, *150*.
Courcel, Geoffroy de 40, *40*.
Couve de Murville, Maurice 104.
Daladier *31*, *37*;

gouvernement 34.
Darlan, amiral 51, *52*, 58, *58*, 59, 60.
D'Astier de la Vigerie, Emmanuel 68.
De Gaulle, Anne 24, 25, *25*, 90.
De Gaulle, Elisabeth 24, 45, 84, *85*.
De Gaulle, Henri *11*, 12, 13, 120.
De Gaulle, Philippe 24, *25*, 45.
De Gaulle, Yvonne (née Vendroux) 23, *23*, 24, 45, *45*, 65, 109, *125*, 126.
De Lattre de Tassigny 59, 78.
Déat, Marcel 30.
Debré, Michel *37*, 68, 72, 99, 104, 108, 120, *120*, 124, 139.
Delestraint, général 36.
D'Estienne d'Orves, Honoré 65.
Discours et messages, C. de Gaulle *99*.
Dreyfus 14.
Drôle de guerre 35.

E-F

Eboué, Félix 47, *47*.
Eisenhower 72.
Espagne, guerre d' *30*.
Evian, accords d' 109, *112*.
Exposition universelle 14.

Fabre-Luce, Alfred *39*, 146.
Flandin *52*.
Foch, maréchal 13, *43*.
France Libre 21, 40, *40*, *42*, 44, 46, 47, *47*, 49, *51*, 52, 54, 62, 64, 67, *72*, 84, 88, *90*, 91.
Frénay, Henri 65.
Front populaire 31.

G-H-J-K

Gerlier, cardinal 13.
Giraud, général 58, 60, 61, *61*, 67.
Giscard d'Estaing, Valéry 40, 121.
Grimaud, préfet *123*.

Herriot, Edouard *73*, 84, *84*.
Hitler 26, 27, *27*, 34, 35, *35*, 36, 51, 54, 63, *75*, 138.

Johnson, Lyndon 118.
Jouhaud, général *108*.
Joxe, Louis 60.

Kennedy *116*, 117, 118.
Khrouchtchev 116, *116*, 134.
Koenig 75.

L

Lagrange, Léo 30.
Larminat 48.
Laval, Pierre *52*, *73*.
La Discorde chez l'ennemi, C. de Gaulle 21, 27.
La France et son armée, C. de Gaulle *13*, *17*, *20*, 28.
Lebrun, Albert *35*.
Lecanuet, Jean 121.
Leclerc 40, 48, 61, 72, *72*, *73*, *75*, 126.
Les chênes qu'on abat, A. Malraux *127*.
Le Fil de l'épée, C. de Gaulle 26.
Le Livre du courage et de la peur, Rémy 65.
Lettres, notes et carnets, C. de Gaulle *23*.
Libération 47, 49, *61*, 65, 68, *83*, 85, 112, *119*, 121, *127*.
Lyautey 28.

M-N-P

Maginot, ligne 27, 28, 35.
Maillot, Jeanne 12, 23.
Malraux, André 63, 100, *100*, 108, 124, *127*.
Mandel, Georges 40, 48.
Massigli *66*.
Massu, général 95, *95*, 106, 125.
Mauriac, François 124.
Mauriac, Jean 126.
Mauriac, Claude 144.
Mayer, colonel 27.
Mémoires d'espoir, C. de Gaulle 93, *104*, *120*.
Mémoires de guerre, C. de Gaulle 12, 27, 36, *42*, 54, 55, 56, 57, *61*, 66, *71*, 91, *91*.
Mémorandum, C. de Gaulle 35.
Mendès France, Pierre 40, 90, *90*, 91, 93, 97, *121*, 122.
Menthon, François de 65, *83*.
Mers-el-Kébir 41, *41*.
Miribel, Elisabeth de 44.
Mitterrand, François 121, *121*, 122.
Mollet, Guy 97, *97*.
Montgomery, général 68.
Montoire 44, *45*.
Moulin, Jean 61, *63*, 65.
Murphy, Robert 57.
Mussolini 63.

Nachin, Lucien 27.
New Deal 56.
Normandie-Niémen 54, *54*.

Palewski, G. *37*, *66*.
Parodi *75*.
Passy 61.
Pearl Harbour *52*, 57.

Pétain, maréchal 28, *29, 37, 39,* 40, *40,* 44, 48, 58, 60, 136, 140.
Petit-Clamart 109, 115.
Pflimlin, Pierre 95, 97.
Philip, André 40, *66.*
Pie XII 72.
Pierre, abbé 25.
Pineau, Christian 65.
Poincaré, Raymond *13.*
Pompidou, Georges 120, *120,* 121, *121,* 123, 125, 126.
Potsdam, accords de 78.
Putsch d'avril 1961 108, *108,* 109.

R

Ramadier, Paul 88.
Rémy, colonel 61.
Résistance *63,* 65, 68, 73, 81, 82, 109.
Révolution de Mai 1968 122-124.
Reynaud, Paul 30, 36, *37,* 40, 100, 141.
Riom, procès de *35,* 63.
Rol-Tanguy, colonel 73.
Roosevelt 56, *56,* 57, *59,* 60, 61, *61,* 72.
Roure, Rémy 20.

S-T

Salan, général 95, *95,* 97, *108.*
Schumann, Maurice *83.*
Serre, Philippe 30.
Soustelle, Jacques 147.
Staline 21, 34, 54, *55,* 56, 79, 90.
Teitgen, Pierre-Henri 65, *83.*
Thorez, Maurice 82, 84, *87.*
Toukhatchevski, Mikhaïl 20, 22.
Truman 93, *93.*

V-W-Y-Z

Verdun 20, 28, *29,* 63.
Vers l'armée de métier, C. de Gaulle 26, *27,* 35.
Vichy *39,* 41, *43,* 44, 47, 48, 49, 50, 52, 54, *57,* 58, *58,* 59, 62, *63,* 67, *67,* 69, *73, 83,* 84, *90.*

Weygand 28, 37, 59, *59.*

Yalta, conférence de 78.
Zeller, général *108.*

CRÉDITS PHOTOGRAPHIQUES

COLLABORATEURS EXTÉRIEURS

Manne Héron a réalisé la maquette des Témoignages et Documents. Béatrice Fontanel a assuré la recherche iconographique et le suivi rédactionnel.

Table des matières

I LA PLUME ET L'ÉPÉE

12 Un fils respectueux
14 Un soldat marche vers
sa destinée
16 *La tranchée : une mer de boue*
20 Le feu et la convalescence
22 L'exil d'Orient et le trésor
d'une vie
24 La blessure familiale
26 Un gouvernement enragé
28 Le feu et le mouvement
30 La pente fatale

II LA GUERRE INDIVISIBLE

34 Encore fallait-il qu'il y eût
un Etat
36 Paul Reynaud fut mon chef
38 L'Exode
40 Rien n'est perdu pour la France
42 Il faut que quelqu'un dise
la honte
44 L'abominable armistice
46 Les Français Libres
48 Brazzaville, terre française
50 La guerre est mondiale
52 Les traîtres de Vichy
54 Un communiste habillé
en maréchal
56 Les morceaux d'empire
rebâtissent la France
58 Vichy a pu mentir, décréter,
persécuter
60 Trop faible pour plier
62 Ciment de l'unité : ceux qui
meurent pour la France
64 La nation torturée,
mise au cachot
66 La France : l'évangile
de la fraternité
68 La bataille de France
70 Paris libéré
72 Pourquoi dissimuler
notre émotion?
74 L'air de la liberté

III LA QUERELLE DU BONAPARTISME

78 L'ordre républicain
sous l'autorité de l'Etat
80 Nous avons à organiser la paix
82 Nous allons rebâtir
les institutions
85 Le départ
86 La nation attend
une constitution
88 Le rassemblement
90 Les illusions de l'actuel régime
92 Une course entre la France
et l'actuel régime
94 La secousse
96 Nous sommes près d'être
d'accord
98 Des Français à part entière
100 Le peuple souverain

IV LE STRATÈGE DE LA LÉGITIMITÉ

104 La France épouse son temps
106 L'émeute déclenchée à Alger
108 Une guerre psychologique
110 Le dégagement
112 L'Etat doit avoir une tête
114 Le tracassin des oppositions
116 La France est la liberté
du monde
118 Vive le Québec libre!
120 Poursuivre la tâche
122 La crise de Mai 68
124 Une question de confiance
126 Tout recommence toujours

TÉMOIGNAGES ET DOCUMENTS

130 Charles de Gaulle, écrivain
136 De Gaulle portraitiste
140 De Gaulle vu par...
146 De Gaulle en procès
152 Annexes